**Richard Baumgartner — Leopold Gerhold**



# *Italienische Kurzgrammatik*

ÖBV Pädagogischer Verlag, Wien

In Verlagsgemeinschaft mit:

Ed. Hölzel, Wien

Manzsche Verlags- und Universitätsbuchhandlung, Wien

Verlag Jugend & Volk, Wien

Mit Bescheid des Bundesministeriums für Unterricht, Kunst und Sport vom 22. Dezember 1988, Zl. 24.945/13-I/9/88, gemäß § 14 Absatz 2 und 5 des Schulunterrichtsgesetzes, BGBl. Nr. 472/86, und gemäß den derzeit geltenden Lehrplänen als für den Unterrichtsgebrauch an allgemeinbildenden höheren Schulen für die 5. bis 8. Klasse im Unterrichtsgegenstand Italienisch (2. lebende Fremdsprache) geeignet erklärt.

Mit Bescheid des Bundesministeriums für Unterricht und Kunst vom 15. November 1977, Zahl 24.945/1–14a/76, gemäß § 14 Abs. 2 und 5 des SchUG, BGBl. Nr. 139/74, als für den Unterrichtsgebrauch an gewerblichen, technischen und kunstgewerblichen Fachschulen für die 1. bis 4. Klasse, an Höheren technischen und gewerblichen Lehranstalten für den I. bis V. Jahrgang, an Hotel- und Gastgewerbefachschulen für die 1. bis 3. Klasse, im Unterrichtsgegenstand Italienisch geeignet erklärt.

Mit Bescheid des Bundesministeriums für Unterricht und kulturelle Angelegenheiten vom 27. Februar 1995, Zl. 24.945/18-V/2/94, gemäß § 14 Absatz 2 und 5 des Schulunterrichtsgesetzes, BGBl. Nr. 472/86, und gemäß dem Lehrplan 1993 als für den Unterrichtsgebrauch an Höheren Lehranstalten für Tourismus für den I. bis III. Jahrgang im Unterrichtsgegenstand Italienisch (2. lebende Fremdsprache) geeignet erklärt.

| Schulbuchnummer: **1125** |
| --- |
| Baumgartner-Gerhold, Italienische Kurzgrammatik |
| ÖBV Pädagogischer Verlag, Wien |
| 1. Auflage, Nachdruck 1996<br>Alle Drucke der 1. Auflage können im Unterricht nebeneinander verwendet werden. |

1. Auflage, Nachdruck 1996 (1,05)

Printed in Austria
Druck: Bohmann Druck und Verlag GmbH & Co. KG., 1110 Wien
ISBN 3-215-**02316**-4

# Inhalt

**Zahlwort**



**Vorwort**



**Bindewort**



**Zeitwort**



**Verneinung**

# *Abkürzungen*

| | |
|---|---|
| bzw. | beziehungsweise |
| f. (femminile) | weiblich |
| m. (maschile) | männlich |
| qc. (qualcosa) | etwas |
| q. (qualcuno) | jemand |
| s. | siehe |
| u. a. | und andere |
| u. ä. | und ähnliche |
| unv. | unveränderlich |
| usw. | und so weiter |

## *Einleitung*

Mit diesem Abriß der italienischen Grammatik kommen die Autoren einem vielfach geäußerten Wunsch nach, den grammatischen Aufbau der italienischen Sprache für mäßig Fortgeschrittene übersichtlich und kurz darzustellen. Geboten wird nur ein Überblick über die *wichtigsten* Erscheinungen zur leichteren Orientierung, eine Art Basisgrammatik. Alles, was darüber hinausgeht, konnte nicht berücksichtigt werden.

Bei Regeln, über die selbst in italienischen Grammatiken verschiedene Meinung herrscht, wurde die für den Anfangsunterricht geeignetere Regel gewählt.

## *Zur Aussprache*

In der Regel liegt der Wortton im Italienischen auf der vorletzten Silbe. Abweichende Betonung wird in dieser Grammatik durch Fettdruck des betonten Vokals hervorgehoben: **a**lbero, s**i**garo, **u**ltimo. Betontes geschlossenes e (wie in „Reh") und o (wie in „roh") werden in vorletzter Silbe nicht bezeichnet (pesca — Fischfang, colto — gebildet), in drittletzten Silben durch Fettdruck: not**e**vole, **o**rdine.

Betontes offenes e (wie in „Wert") und o (wie in „Wort") werden — wo erforderlich — durch den Akzent ` gekennzeichnet: pèsca — Pfirsich, còlto — gepflückt, mèdico, metròpoli. Diese Akzente dienen als Aussprachehilfe; geschrieben bzw. gedruckt finden sich Akzente im Italienischen nur auf dem Endvokal der Wörter und Zeitwortformen (città, caffè, perché, paltò, mangiò, temé, più usw.).

Die Endungen -io und -ia tragen den Wortton meist auf der vor dem -i- befindlichen Silbe. Abweichungen werden durch Fettdruck angegeben: pend**i**o, farmac**i**a.

Durch Fettdruck werden gelegentlich auch wichtige Einzelwörter und Endungen hervorgehoben.

# *Artikel*

## 1 Bestimmter Artikel

| **1.1** männlich | Einzahl | Mehrzahl |
|---|---|---|
| vor Mitlauten außer s + Mitlaut[1] und z | il trèno | i trèni |
| | il signore | i signori |
| vor s + Mitlaut und z | lo studio | gli studi |
| | lo zio | gli zii |
| vor Selbstlauten | l'**a**lbero | gli **a**lberi |
| **1.2** weiblich | | |
| vor allen Mitlauten | la signora | le signore |
| | la scala | le scale |
| | la zia | le zie |
| vor Selbstlauten | l'ora | le ore |

## 2 Unbestimmter Artikel

(Wie im Deutschen gibt es keine Mehrzahlform des unbestimmten Artikels. Als Ersatz dient bei Bedarf der „Teilungsartikel", vgl. Seite 64.)

| **2.1** männlich | | |
|---|---|---|
| vor Selbstlauten sowie Mitlauten außer s + Mitlaut und z | un treno | treni |
| | un signore | signori |
| | un **a**lbero | **a**lberi |

[1] „unreines" s genannt.

| | Einzahl | Mehrzahl |
|---|---|---|
| vor s + Mitlaut und z | uno studio | studi |
| | uno zio | zii |

**2.2** weiblich

| | | |
|---|---|---|
| vor allen Mitlauten | una signora | signore |
| | una scala | scale |
| | una zia | zie |
| vor Selbstlauten | un' ora | ore |

## 3 Teilungsartikel (vgl. Seite 64, 1.2)

## 4 Gebrauch des bestimmten Artikels

**4.1 Ohne** bestimmten Artikel werden verwendet:

**4.1.1** allgemeine Ortsangaben:

| | | |
|---|---|---|
| in montagna | in città | in Euròpa |
| in mano | in tasca | in **A**ustria |
| in automòbile | in casa | in Lombard**i**a |
| a scuola | a casa | in via Dante |

*Aber:* nell'automòbile di Piero — nell'Euròpa centrale (Mitteleuropa)
nella tasca della giacca — nell'**A**ustria inferiore (NÖ)

**4.1.2** Herrschernamen mit Ordnungszahl (vgl. Seite 40, 2):

Napoleone I, Carlo V

**4.2 Mit** bestimmtem Artikel werden verwendet:

**4.2.1** geographische Eigennamen (Erdteile, Länder und Regionen):

L'Euròpa è più p**i**ccola dell'**A**frica.

L'Italia è più grande dell'**A**ustria.
La Lombardia è una regione industriale.

**4.2.2** signore, signora, signorina sowie Titel mit Familiennamen:

la signora Gastaldi, il dott**or**[1] Gastaldi

**4.2.3** Zeitangaben:

| | |
|---|---|
| l'anno pròssimo | la settimana scorsa |
| il mese passato | il lunedì (montags) |

**4.2.4** tutto (ganz, Mehrzahl alle):

tutto il libro — das ganze Buch, tutti i libri — alle Bücher
tutta la classe — die ganze Klasse, tutte le classi — alle Klassen
tutti e tre gli studenti — alle drei Studenten

**4.2.5** besitzanzeigende Fürwörter, vgl. Seite 36, 10.

**4.2.6** Angabe von Körpermerkmalen:

Ha la faccia tonda, i capelli biondi, gli òcchi neri.

**4.2.7** in Redewendungen:

Impariamo, studiamo, amiamo l'italiano. Parla bène l'italiano.

*Aber:* Parliamo italiano. Come si dice in italiano?

[1] Vor Eigennamen und Titeln verlieren signore, dottore, professore, ingegnere usw. das e der Endung (il sign**or** dottore), ohne den Wortton zu ändern.

# *Hauptwort*

## 1 Übersicht über die Ein- und Mehrzahlendungen

**1.1** Regelmäßige Endungen, die für Haupt- und Eigenschaftswörter gelten:

| Einzahl | | | | Mehrzahl | |
|---|---|---|---|---|---|
| **-o** | (m.) | libro | wird zu | **-i** | libri |
| **-e** | (m.) | dottore | wird zu | **-i** | dottori |
| **-e** | (f.) | lezione | wird zu | **-i** | lezioni |
| **-a** | (f.) | scala | wird zu | **-e** | scale |

**1.2** In der Mehrzahl unverändert bleiben Hauptwörter,

**1.2.1** die auf Vokal mit Akzent enden (la città, il caffè, il tassì, il paltò, la virtù, ebenso: il re),

**1.2.2** die auf -i und -ie enden (la crisi, la metròpoli, la sèrie, la specie, *aber:* la moglie — le mogli),

**1.2.3** die auf Konsonant enden; sie sind immer männlich (il bar, il filobus, il film, il gas, il tram usw.),

**1.2.4** die Abkürzungen wie l'auto f., la fòto, il cinema usw.

**1.3** Besondere Mehrzahlbildung

**1.3.1** mit unregelmäßiger Mehrzahlform:

il bue — i buòi, dio — gli dèi, l'uòmo — gli uòmini

**1.3.2** mit Geschlechtswechsel:

| | | | |
|---|---|---|---|
| il braccio | le braccia | l'òsso | le òssa |
| il ciglio | le ciglia | il paio | le paia |

| | | | |
|---|---|---|---|
| il dito | le dita | un centinaio | centinaia (f.) |
| il labbro | le labbra | un migliaio | migliaia (f.) |
| il mèmbro (Körperglied) | le mèmbra | l'uòvo | le uòva |

## 2 Geschlecht und Mehrzahlbildung des Hauptworts

**2.1** Die Hauptwörter auf -o sind meist männlich.

*Ausnahmen:*

la mano — le mani
auto, fòto, radio (in der Mehrzahl unverändert)

**2.2** Die Hauptwörter auf -a sind meist weiblich.

*Ausnahmen:*

**2.2.1** collèga und die Wörter auf -ista, wenn sie männliche Personen bezeichnen; sie haben dann die Mehrzahlendung -i (l'autista — gli autisti).

**2.2.2** Wörter griechischer Herkunft wie clima, poèta, problèma, programma, telegramma, tema (Mehrzahl -i).

**2.2.3** Wörter wie guardia, guida, sentinella und spia sind grammatikalisch weiblich (Mehrzahl -e).

**2.3** Die Hauptwörter auf -e sind teils männlich, teils weiblich:
il cantante, la cantante; il sole, la fame usw.

*Beachte:*

| | | | |
|---|---|---|---|
| il capitale | Kapital | la capitale | Hauptstadt |
| il fine | Zweck | la fine | Ende |

**2.4** Eine Reihe von stammgleichen Wortpaaren hat je nach Geschlecht eine andere Bedeutung:

**2.4.1** Baum männlich — Frucht weiblich

| Baum männlich | Frucht weiblich |
|---|---|
| albicòcco | albicòcca |
| arancio | arancia |
| ciliègio | ciliègia |
| melo | mela |
| noce | noce |
| pero | pera |
| pèsco | pèsca |
| prugno | prugna |
| susino | susina |

*Aber* Baum und Frucht männlich: d**a**ttero, fico, limone

**2.4.2** andere Wortpaare

| männlich | | weiblich | |
|---|---|---|---|
| caso | Fall | casa | Haus |
| còllo | Hals | còlla | Leim, Klebstoff |
| pòrto | Hafen | pòrta | Tür |
| posto | Platz, Stellung | pòsta | Post |
| scòpo | Zweck | scopa | Besen |
| tèsto | Test | tèsta | Kopf |
| tòrto | Unrecht | torta | Torte |
| visto | Visum | vista | Aussicht |

| männlich | weiblich |
|---|---|
| direttore | direttrice |
| attore | attrice |
| autore | autrice |
| scrittore | scrittrice |
| sciatore | sciatrice |
| re | regina |
| imperatore | imperatrice |
| pr**i**ncipe | principessa |
| dottore | dottoressa |
| professore | professoressa |
| studènte | studentessa |

gallo — gallina
cavallo — cavalla
cane — cagna

**2.5** Mehrzahlbildung der Haupt- und Eigenschaftswörter auf -co und -go.

**2.5.1** Wenn der Wortton auf der vorletzten Silbe liegt, muß vor der Mehrzahlendung -i ein h eingeschoben werden, um den Lautwert (c, g) zu erhalten:

| | | | |
|---|---|---|---|
| parco | parchi | lago | laghi |

*Ausnahmen:*

| | | | |
|---|---|---|---|
| amico | amici | grèco | grèci |
| nemico | nemici | pòrco | pòrci |

**2.5.2** Wenn der Wortton auf der drittletzten Silbe liegt, wird vor der Mehrzahlendung -i kein h eingeschoben:

| | | | |
|---|---|---|---|
| austr**i**aco | austr**i**aci | filòlogo | filòlogi |
| mèdico | mèdici | u. ä. Berufsbezeichnungen | |

*Ausnahmen:*

| | | | |
|---|---|---|---|
| c**a**rico | c**a**richi | cat**a**logo | cat**a**loghi |
| stòmaco | stòmachi | di**a**logo | di**a**loghi |
| v**a**lico | v**a**lichi | òbbligo | òbblighi |

**2.5.3** Die weiblichen Haupt- und Eigenschaftswörter auf -ca und -ga behalten ausnahmslos den Lautwert c und g durch Einschiebung eines h vor der Mehrzahlendung -e:

| | | | |
|---|---|---|---|
| barca | barche | austr**i**aca | austr**i**ache |
| riga | righe | lunga | lunghe |

**2.5.4** Wörter auf -io mit unbetontem -i-:

| | | | |
|---|---|---|---|
| provèrbio | provèrbi | vècchio | vècchi |

**2.5.5** Wörter auf -io mit betontem -i-:

| | | | |
|---|---|---|---|
| z**i**o | z**ii** | p**i**o | p**ii** |
| pend**i**o | pend**ii** | | |

**2.5.6** Wörter auf -cio, -cia, -gio und -gia:

| | | | |
|---|---|---|---|
| camicia | camice[1] | valigia | valige[1] |
| arancia | arance[1] | indugio | indugi |
| arancio | aranci | | |

Bei betontem i:

| | | | |
|---|---|---|---|
| farmac**i**a | farmac**i**e | bug**i**a | bug**i**e |

**2.6** Das Geschlecht der Hauptwörter wird durch folgende Endungen angegeben:

| männlich -one und -ore | weiblich -ione und -ice | |
|---|---|---|
| portone | regione | radice |
| motore | direzione | direttrice |
| | *Ausnahmen:* | |
| | rione, campione | |
| | lampione, milione | |
| | padiglione | |

**2.7** Die männliche Mehrzahl gilt als Sammelbegriff bei:

| | | | |
|---|---|---|---|
| figli | Kinder (Söhne u. Töchter) | cugini | „Geschwisterkinder" |
| ragazzi | Kinder (Knaben u. Mädchen) | nipoti | Neffen und Nichten |
| fratèlli | Geschwister | nonni | Großeltern |
| z**i**i | Onkel und Tante | nipotini | Enkelkinder |

**2.8** Mehrzahlbildung zusammengesetzter Hauptwörter

**2.8.1** Wortzusammensetzungen mit capo- (Personen):

| | |
|---|---|
| capostazione | capistazione |
| capotreno | capitreno |

[1] Einige ital. Grammatiken lassen bei manchen dieser Wörter auch die Schreibung -ie zu (provincie, valigie).

| | |
|---|---|
| capof**a**bbrica | capif**a**bbrica |
| caposquadra | capisquadra |

**2.8.2** Wortzusammensetzungen mit capo- (Dinge):

| | |
|---|---|
| capogiro | capogiri |
| capolavoro | capolavori |
| capoluògo | capoluòghi |
| capovèrso | capovèrsi |

**2.8.3** In der Mehrzahl bleiben Wortzusammensetzungen (wie z. B. il portamonete — i portamonete) unverändert:

| | | | |
|---|---|---|---|
| l' (gli) | attaccapanni | il (i) | portalèttere |
| il (i) | cambiavalute | il (i) | salvagènte |
| il (i) | cavatappi | lo (gli) | spazzaneve |
| il (i) | portabagagli | il (i) | cavalcav**i**a |
| il (i) | portac**e**nere | il (i) | crocev**i**a u. a. |

**2.9** Deutschen zusammengesetzten Hauptwörtern entsprechen im Italienischen gelegentlich zwei nicht verbundene Hauptwörter, von denen das zweite (qualifizierende) immer unverändert bleibt:

| | |
|---|---|
| la nave cistèrna | le navi cistèrna |
| il vagone lètto[1] | i vagoni lètto |
| il vagone ristorante | i vagoni ristorante |

## 3 Beugung des Hauptworts (vgl. Seite 7, 1, 2)

1. Fall = 4. Fall
2. Fall mit dem Vorwort **di** } gebildet
3. Fall mit dem Vorwort **a** } gebildet

**3.1** Hauptwörter ohne Artikel

| | |
|---|---|
| 1. Fall | Carlo (Gina) |
| 2. Fall | di Carlo (Gina) |
| 3. Fall | a Carlo (Gina) |
| 4. Fall | Carlo (Gina) |

[1] auch „lètti" gebräuchlich

**32.** Hauptwörter mit unbestimmtem Artikel

| | männlich | weiblich |
|---|---|---|
| 1. Fall | un trèno (uno zio, un **a**lbero) | una casa (un'ora) |
| 2. Fall | di[1] un trèno (uno zio, un **a**lbero) | di una casa (un'ora) |
| 3. Fall | a[2] un trèno (uno zio, un **a**lbero) | a una casa (un'ora) |
| 4. Fall | un trèno (uno zio, un **a**lbero) | una casa (un'ora) |

**3.3** Hauptwörter mit bestimmtem Artikel (Verschmelzung mit **di** und **a**):

**3.3.1** männlich

| | Einzahl | Mehrzahl | Einzahl | Mehrzahl (nicht apostrophiert!) |
|---|---|---|---|---|
| 1. Fall | il libro | i libri | lo zio, l'**a**lbero | gli zii, **a**lberi |
| 2. Fall | del libro | dei libri | dello zio, dell'**a**lbero | degli zii, **a**lberi |
| 3. Fall | al libro | ai libri | allo zio, all'**a**lbero | agli zii, **a**lberi |
| 4. Fall | il libro | i libri | lo zio, l'**a**lbero | gli zii, **a**lberi |

**3.3.2** weiblich

| | Einzahl | Mehrzahl (nicht apostrophiert!) |
|---|---|---|
| 1. Fall | la casa, l'ora | le case, ore |
| 2. Fall | della casa, dell'ora | delle case, ore |
| 3. Fall | alla casa, all'ora | alle case, ore |
| 4. Fall | la casa, l'ora | le case, ore |

**3.4** Mit dem bestimmten Artikel verschmelzen auch die Vorwörter da, in, su (selten con und per zu col und pel usw.):

| Einzahl | Mehrzahl | |
|---|---|---|
| männlich | | |
| dal, nel, sul | dai, nei, sui | sul tetto — sui tetti |
| dallo, nello, sullo<br>dall', nell', sull' | dagli, negli, sugli | dallo zio — dagli zii |

[1] vor Vokalen häufig auch apostrophiert: d'un treno usw.
[2] vor Vokalen auch „ad" möglich: ad un treno usw.

| Einzahl weiblich | Mehrzahl | |
|---|---|---|
| dalla, nella, sulla<br>dall', nell', sull' | dalle, nelle, sulle | nella camera — nelle camere<br>sull'albero — sugli alberi<br>nell'aula — nelle aule |

## 4 Bedeutungswandel durch Nachsilben bei Haupt- und Eigenschaftswörtern

**4.1** Verkleinerung, Zuneigung, Zärtlichkeit durch -ino, -etto, -ettino, -cino, -cello u. ä.

fratèllo — fratellino
òcchio — occhietto
pezzo, pezzetto — pezzettino
bastone — bastoncino
vènto — venticello

caro — carino

**4.2** Vergrößerung, Vergröberung, Verstärkung durch one-, -otto u. ä.

pòrta — portone (Haustor)
bene — benone (Umstandswort)

vècchio — vecchiotto

**4.3** Verkleinerung, Abschwächung, Verachtung durch -uccio, -accio, -astro u. ä.

caffè — caffeuccio (kleines Café)
tèmpo — tempaccio (schlechtes Wetter)
vita — vitaccia (Hundeleben)
mèdico — medicastro (Quacksalber)

verde — verdastro (grünlich)
lingua — linguaccia (böse Zunge)

*Merke:* ohne Bedeutungswandel figliastro, -a Stiefsohn, -tochter; sorellastra, fratellastro Halbschwester, -bruder

*Beachte:*

Diese Nachsilben können nicht willkürlich verwendet werden, weil sie oft neue Begriffe ergeben (borsa, borsetta, borsellino: Aktentasche, Damenhandtasche, Geldbörse).

# *Eigenschaftswort*

## 1 Geschlecht und Mehrzahlbildung

| | Einzahl | Mehrzahl |
|---|---|---|
| **1.1** Einzahl auf -o, -a | il libro rosso<br>la stòffa rossa | i libri rossi<br>le stòffe rosse |
| **1.2** Einzahl auf -e | il libro verde<br>la stòffa verde | i libri verdi<br>le stòffe verdi |

## 2 **buono, bello** und **quello** *vor* dem Hauptwort

**2.1** Buono: in der Einzahl mit Endungen wie der unbestimmte Artikel

| | | |
|---|---|---|
| (un libro) | un buòn libro | buòni libri |
| (uno zio) | un buono zio | buoni zii |
| (un amico) | un buon amico | buoni amici |
| (una casa) | una buona casa | buone case |
| (un'amica) | una buon'amica | buone amiche |

**2.2** Bello, quello: mit Endungen wie der bestimmte Artikel

| | | |
|---|---|---|
| (il libro) | un bèl libro | bèi libri |
| (lo sci) | un bello sci | begli sci |
| (l'oggètto) | un bell'oggetto | begli oggetti |
| (la dònna) | una bella donna | belle donne |
| (l'òpera) | una bell'òpera | belle òpere |
| | quel libro | quei libri |
| | quello sci | quegli sci |
| *Beachte:* | quel bello sci | quei begli sci usw. |

**2.3 Grande** (vor Hauptwörtern, die nicht mit unreinem s oder z beginnen) kann in der Einzahl[1] zu gran bzw. grand' verkürzt werden: un gran piacere, una gran sete, una grand'anima, un grande spècchio, una grande stanza.

**Santo** (vor den Namen der Heiligen, die nicht mit unreinem s beginnen) wird zu San bzw. Sant' verkürzt:

San Pietro, Sant'Antonio, Sant'Èlena, Santo Stèfano

*Aber:* San Zèno, San Zaccar**i**a, Santo Padre
santo Dio, santo cièlo, tutto il santo giorno

## 3 Stellung des Eigenschaftsworts

**3.1 Vor** dem Hauptwort stehen gewöhnlich:

**3.1.1** oft gebrauchte Eigenschaftswörter, wie z. B.:

| | | | | |
|---|---|---|---|---|
| grande | p**i**ccolo | *ebenso:* | molto | pòco |
| buono | cattivo | | primo usw. | **u**ltimo |
| bello | brutto | | altro | lo stesso[2] |
| gi**o**vane | vècchio | | | |

**3.1.2** bildlich gebrauchte Eigenschaftswörter

la dolce vita — la falsa speranza

**3.2 Nach** dem Hauptwort stehen meist Eigenschaftswörter, die hervorgehoben werden sollen oder unterscheidende Merkmale ausdrücken (Farbe, Form, Nationalität, Konfession usw.):

| | |
|---|---|
| una città italiana | l'anno passato |
| una cravatta rossa | un giardino abbastanza grande |
| la foglia ovale | la città più grande del paese |
| la mela dolce | |
| la moneta falsa | |

[1] auch in der Mehrzahl möglich
[2] vgl. lo stesso libro — dasselbe Buch, nel libro stesso — selbst (sogar) im Buch

**3.3** Einige Eigenschaftswörter haben je nach der Stellung eine andere Bedeutung:

| | |
|---|---|
| un pòvero ragazzo — bedauernswert | un ragazzo pòvero — mittellos |
| un cèrto documento — gewiß | una notizia cèrta — sicher |
| un caro amico — lieb | una cravatta cara — teuer |
| una grande persona — bedeutend | una persona grande — hochgewachsen |

**3.4** Wenn zwei Eigenschaftswörter zum Hauptwort gehören, wird das eine vor- und das andere nachgestellt:

una bèlla città italiana
un pòvero ragazzo siciliano

### 4 Bedeutungswandel durch Nachsilben (vgl. Seite 17, 4)

## *Umstandswort*

### 1 Ursprüngliche Formen

**1.1** Ort (dove?)

| | | | |
|---|---|---|---|
| qui = qua | hier(her) | lì = là | dort(hin) |
| su | oben, hinauf | giù | unten, hinunter |
| davanti | vorn | dietro | hinten |
| intorno | ringsherum | dirimpetto | gegenüber |
| dentro | darin | fuòri | draußen |
| dappertutto | überall | usw. | |

**1.2** Zeit (quando?)

| | | | |
|---|---|---|---|
| adèsso, ora | jetzt | allora | damals |
| prima | zuerst, vorher | pòi, dopo | dann |

| | | | |
|---|---|---|---|
| òggi | heute | ièri, domani | gestern, morgen |
| sèmpre | immer | (non . . .) mai | nie |
| spesso | oft | talvòlta | manchmal |
| prèsto | bald, früh | tardi | spät |
| già | schon | soltanto usw. | nur |

**1.3** Art und Weise (come ?)

| | | | |
|---|---|---|---|
| così | so | altrimenti | anders |
| adagio | langsam, leise | prèsto, svèlto | schnell |
| bène | gut | male usw. | schlecht |

## 2 Zusammengesetzte Formen

Viele Umstandswörter bestehen aus Vorwörtern mit Haupt-, Eigenschafts- oder Umstandswörtern:

**2.1**

| | | | |
|---|---|---|---|
| a dèstra | rechts | a sinistra | links |
| a lungo | lange Zeit | a tèmpo | rechtzeitig |
| a memòria | auswendig | a buon mercato usw. | billig |

**2.2**

| | | | |
|---|---|---|---|
| di nuòvo | wieder | di raro | selten |
| di buon'ora | früh | di recente | neulich |
| di fronte | gegenüber | di sòlito usw. | gewöhnlich |

**2.3**

| | | | |
|---|---|---|---|
| in alto | oben | in basso | unten |
| in mèzzo | in der Mitte | in cima | oben |
| in fondo | ganz hinten (unten) | in brève | kurz |
| in tèmpo | rechtzeitig | in generale | im allgemeinen |

**2.4**

| | | | |
|---|---|---|---|
| per bène | anständig | per ora | vorläufig |
| per caso | zufällig | per scherzo | im Scherz |
| per conseguenza | folglich | per iscritto[1] | schriftlich |
| | | per istrada[1] | unterwegs |

## 3 Von Eigenschaftswörtern abgeleitete Umstandswörter

**3.1** mit -mente (Art und Weise)

**3.1.1** cèrto, -a — certamente
vero, -a — veramente

**3.1.2** facile — facilmente
particolare — particolarmente
} bei Eigenschaftswörtern auf -le und -re entfällt -e

*Merke:*

leggèro, -a — leggermente

**3.2** unregelmäßige Formen

buòno, -a — bène
cattivo, -a — male

**3.3** als Umstandswörter gebrauchte Eigenschaftswörter

molto, pòco, tròppo (una limonata troppo fredda)

**3.4** in Verbindung mit bestimmten Zeitwörtern wird das Eigenschaftswort als Umstandswort gebraucht

parlare forte, svelto    contare giusto

[1] vgl. auch: in Isvizzera, in Isvezia (i-Vorschlag nach **in** und **per** wegen des Wohlklanges, meist vor s + Konsonant)

| | |
|---|---|
| scr**i**vere chiaro | volare alto, basso |
| andare piano | lavorare sodo |

*Merke:* Le banane còstano car**e**.

**3.5** Das Eigenschaftswort kann für das deutsche Umstandswort stehen, wenn nicht die Satzaussage, sondern der Satzgegenstand näher bestimmt wird:

Ti aspètto paziènte. Carlo arriva sèmpre puntuale.

*Ähnlich:* Mariuccia è tutt**a** contènta.

## 4 Die umstandswörtlichen Partikeln ci und (seltener) vi

Die beiden Partikeln ersetzen:

**4.1** Ortsangabe — da, dort:

Non compriamo il giornale **all'edicola.** — Non ci (vi) compriamo il giornale.

**4.2** Richtungsangabe — dahin, dorthin:

La signora Bianchi torna **al mercato (a casa).** — La signora Bianchi ci (vi) torna.

**4.3** Zur Stellung von ci (vi) beim Zusammentreffen mit unbetonten Fürwörtern vgl. Seite 29, 4.

## 5 Zur Steigerung der Umstandswörter vgl. Seite 26, 2.

## *Vergleich und Steigerungen*

### 1 Eigenschaftswort

**1.1** Vergleich im gleichen Grad:

Tu sei (così) vècchio come Carlo (come me). = Tu sei (tanto) vècchio quanto Carlo (quanto me). Così und tanto können entfallen.

**1.2** Steigerung

| | | | |
|---|---|---|---|
| positivo | vecchio, -a | alt | |
| comparativo | più vecchio, -a | älter | |
| superlativo relativo | il più vecchio | der älteste | vgl. Seite 24, 1.4 |
| | la più vecchia | die älteste | |

**1.3** „Als" beim Komparativ (vgl. auch Seite 54, 7.2.6)

**1.3.1** **di** zwischen Haupt- oder Fürwörtern in bezug auf **eine** Eigenschaft:

Tu sei più grande (meno piccolo) di Carlo (di me).
Ho comprato una macchina più bella di questa qui.

**1.3.2** **di** bei Vergleichen mit Zahlangaben:

Ho comprato più (meno) di due chili di banane.
Abbiamo aspettato più di due ore.

**1.3.3** **che** zwischen zwei Eigenschaften, Objekten oder Umstandsbestimmungen in bezug auf **ein** Subjekt:

Carlo è più furbo che intelligente.
Mario legge più giornali che libri.
La birra è più buona d'estate che d'inverno.
Ebenso zwischen Nennformen: Dire è più facile che fare.

**1.4** Superlativo relativo

Dieser Superlativ wird ebenfalls mit più oder meno gebildet, jedoch immer mit dem bestimmten Artikel gebraucht. Er gleicht der Form nach dem Komparativ, daher fügt man im Zweifelsfall beim Superlativ „di tutti (-e)“ oder „fra tutti (-e)“ hinzu:

Ho comprato il più bel quadro (di tutti).
Lei ha mangiato più di tutti.

**1.5** Superlativo assoluto (auf -**i**ssimo)

Dieser Superlativ drückt keinen Vergleich aus, sondern einen sehr hohen Grad einer Eigenschaft (moltissimo sehr viel, pochissimi sehr wenige usw., bellissimo = molto bello = assai bello = bello bello.

**1.6** Unregelmäßige Komparativ- und Superlativformen

| **1.6.1** Positiv | Komparativ | Superlativ |
|---|---|---|
| molto | più | zu umschreiben mit: la maggior parte (di), la maggioranza (di); i più — die meisten (ohne folgendes Hauptwort) |
| pòco | meno | zu umschreiben mit: la minoranza (di); i meno — die wenigsten (ohne folgendes Hauptwort) |

**1.6.2**

| Positiv | Komparativ/ Superlativ | Komparativ/ Superlativ | superlativo assoluto |
|---|---|---|---|
| buono[1] | mit più | migliore | **ò**ttimo |
| cattivo[1] | mit più | peggiore | pèssimo |
| grande | mit più | maggiore[2] | m**a**ssimo[3] |
| p**i**ccolo | mit più | minore[2] | m**i**nimo[3] |
| alto | mit più | superiore[2] | supremo, sommo |
| basso | mit più | inferiore[2] | **i**nfimo |

[1] Più buono, più cattivo werden meist in der Bedeutung von „braver, schlimmer“ verwendet.
[2] meist in übertragener Bedeutung
[3] Non ho la m**i**nima idea (geringste Ahnung). Ti posso dare 500 lire al m**a**ssimo (höchstens).

## 2 Umstandswort

**2.1** Vergleich im gleichen Grad und regelmäßige Steigerung wie bei den Eigenschaftswörtern (vgl. Seite 24 f., 1—1.5)

positivo: Il cavallo corre così (tanto) velocemente come (quanto) l'**a**sino.—
comparativo: Il cavallo corre più velocemente dell'**a**sino. —
superlativo relativo: Il cavallo corre più velocemente di tutti. —
superlativo assoluto: Il cavallo corre velocissimamente = molto velocemente = assai velocemente. —

*Merke:* Carlo cammina piano piano (sehr leise).
Carlo cammina pian piano (sehr langsam).

**2.2** Unregelmäßige Steigerung

| **2.2.1** positivo | comparativo | superlativo relativo | superlativo assoluto |
|---|---|---|---|
| bène | mèglio | mèglio di tutti | ottimamente |
| male | pèggio | pèggio di tutti | pessimamente |

*Beispiele:*

Bruno canta bene.
Bruno canta meglio di Carlo.
Bruno canta peggio di tutti.
Bruno canta ottimamente (= molto bene = assai bene)

| **2.2.2** molto | più | più di tutti | moltissimo |
|---|---|---|---|
| poco | meno | meno di tutti | pochissimo |

*Merke:* Questo film mi è piaciuto di più (am besten); per lo più (meistens), per lo meno (wenigstens).

**2.3** Das deutsche „als" beim gesteigerten Umstandswort wird wie beim Eigenschaftswort (vgl. Seite 24, 1.3) wiedergegeben.

## *Fürwort*

### 1 Betontes persönliches Fürwort

| Subjektsform | Objektsform |
|---|---|
| io | me |
| tu | te |
| egli, lui, esso | lui, esso |
| ella, lèi, essa | lèi, essa |
| Lèi | Lèi |
| noi | noi |
| voi | voi |
| loro, essi/esse | loro |
| Loro | Loro |
| | sé (sich) |

**1.1** Die betonte Subjektsform wird nur bei Hervorhebung oder Ausdruck eines Gegensatzes verwendet:

**1.1.1** **Io** mi chiamo Mario, come si chiama **lui** (lei)?
Verranno tutti e due? — **Lei** sì, **lui** no.
In Verbindung mit anche und stesso: Verrà anche **lui.**
**Lui** stesso mi ha scritto.

**1.1.2** Egli wird meist in gehobener Schriftsprache verwendet, in der Umgangssprache lui.

Ella ist veraltet, in der Umgangssprache wird dafür lei gesetzt. Esso (essa) wird im allgemeinen nur für Tiere und Dinge verwendet.

**1.1.3** Lei und Loro (auch klein geschrieben) ist die Höflichkeitsform der Ein- bzw. Mehrzahl.

**1.2** Die betonte Objektsform wird nach Vorwörtern und als betonter 4. Fall verwendet:

Parla di me, pensa a te, lavora per sé. Chiama me e non te.

Vom Deutschen abweichender Gebrauch der Objektsform:

Pòvero me! Beato lui! Parla come te. Lavora quanto me.

**1.3** Das unpersönliche „es“ wird im Italienischen als Satzgegenstand oder logisches Subjekt nicht ausgedrückt:

Piòve, fa freddo. — Che ora è? Sono le tre. — Chi è? Sono io.

**2 Unbetontes persönliches Fürwort** (wird nur im 3. und 4. Fall verwendet)

| 3. Fall | 4. Fall |
|---|---|
| **Mi** scrive una lèttera. | **Mi** vede ogni mattina. |
| **Ti** scrive una lettera. | **Ti** vede ogni mattina. |
| **Gli** scrive una lettera. | **Lo** vede ogni mattina. |
| **Le**[1] scrive una lettera. | **La**[1] vede ogni mattina. |
| **Ci** scrive una lettera. | **Ci** vede ogni mattina. |
| **Vi** scrive una lettera. | **Vi** vede ogni mattina. |
| Scrive **loro**[1] una lettera. | **Li**[1] vede ogni mattina.<br>**Le**[1] vede ogni mattina. |

Das unbetonte persönliche Fürwort steht grundsätzlich vor dem Zeitwort (bzw. Hilfszeitwort):

**2.1 Loro** steht immer nach dem Zeitwort (in den zusammengesetzten Zeiten nach dem Mittelwort der Vergangenheit). In der Umgangssprache kann es durch gli ersetzt werden: Ho mostrato **loro** la nuova stazione. = **Gli** ho mostrato la nuova stazione.

**2.2** Das unpersönliche „es“ als Objekt im 4. Fall (bezogen auf soeben besprochene Sachverhalte) wird im Italienischen durch **lo** ausgedrückt: **Lo** sappiamo tutti. Non **lo** credo. **Lo** pènso anch'io.

[1] zugleich Höflichkeitsform

## 3 Die Fürwortpartikeln „ci“ (daran, dazu, an ihn usw.) und „ne“ (davon, damit, von ihm usw.)

**3.1** Penso al mio libro. = **Ci** penso.
Penso al mio nuovo amico. = Penso a lui. (Auch: Ci penso.)

**3.2** Carlo parla del suo compito. = Carlo **ne** parla. Parla di Luigi. = **Ne** parla.

**3.3** Beachte den vom Deutschen abweichenden Gebrauch von **ne** in folgenden Beispielen:

| | |
|---|---|
| Carla mangia una banana, Mariuccia **ne** mangia due.<br>Noi abbiamo molte banane, voi **ne** avete poche. | Dieses „ne“ bleibt im Deutschen unübersetzt. |

## 4 Stellung und Veränderungen der unbetonten persönlichen Fürwörter (oder ne) vor dem Zeitwort

Reihenfolge: 3. Fall — 4. Fall (oder ne) — Zeitwort (bzw. Hilfszeitwort).
Vor lo, la, li, le, ne werden mi, ti, si, ci, vi zu me, te, se, ce, ve:

| 3. + 4. Fall | | 3. Fall + ne (1) | |
|---|---|---|---|
| Me lo<br>Te lo<br>Glielo (2)<br>Ce lo<br>Ve lo | mostra. | Me ne<br>Te ne<br>Gliene (3)<br>Ce ne<br>Ve ne | parla. |
| Lo mostra loro,<br>od. Glielo mostra. | | Ne parla loro,<br>od. Gliene parla. | |

Befehl in der Höflichkeitsform:

| | |
|---|---|
| Me lo mostri!<br>Me lo mostrino! | Me ne parli!<br>Me ne parlino! |

[1] vgl. Seite 32, 6.4
[2] Beachte: glielo do = lo do a lui, a lei/Lei, a loro/Loro
[3] Beachte: gliene do = ne do a lui, a lei/Lei a loro/Loro

## 5 Stellung unbetonter persönlicher Fürwörter (oder ne) nach bestimmten Zeitwortformen

Der 3. und 4. Fall (oder ne) verschmelzen mit den folgenden Formen, deren ursprüngliche Betonung erhalten bleibt:

**5.1** Nennform: Sto per scr**i**vergli la lèttera — sto per scr**i**vergliela. Non posso tradurlo — non posso trad**u**rtelo. Non ho potuto trarne profitto.

**5.2** Befehlsform (2. Person Ein- und Mehrzahl, 1. Person Mehrzahl):

(Non) scrivi**a**mogli la lèttera — (non) scrivi**a**mogliela!
Scr**i**vigli — non scr**i**vergli (auch: non gli scr**i**vere)!
(Non) scriv**e**tele!

*Beachte:* Der Bindekonsonant der einsilbigen tu-Formen wird verdoppelt bei fare, dare, dire, stare.
Fammi questo piacere — f**a**mmelo! dacci il libro — d**a**ccelo! Dimmi la verità — d**i**mmela! Stammi a sentire!

**5.3** Gerundio (vgl. Seite 59, 12): Scriv**e**ndogli una lèttera — scriv**e**ndogliela.

**5.4** Participio passato assoluto (vgl. Seite 58, 11):

scr**i**ttala (= la lèttera, nachdem er geschrieben worden war)
mostr**a**tele (= le pitture, nachdem sie gezeigt worden waren)

**5.5** Die gleichen Regeln gelten für ècco (wörtlich „sieh da“):

**È**ccoti il libro — **è**ccotelo. **È**ccone due.

## 6 Rückbezügliches Fürwort

| 4. Fall | 3. Fall | | bei Zusammentreffen beider Fälle |
|---|---|---|---|
| mi lavo | mi compro | il libro | me lo (la, li, le) compro |
| ti lavi | ti compri | il libro | te lo (la, li, le) compri |
| si lava | si compra | il libro | se lo (la, li, le) compra |
| ci laviamo | ci compriamo | il libro | ce lo (la, li, le) compriamo |
| vi lavate | vi comprate | il libro | ve lo (la, li, le) comprate |
| si lavano | si comprano | il libro | se lo (la, li, le) comprano |

Mit ne: me ne compro due usw.

**6.1** Die Befehlsformen (vgl. Seite 53, 7.1.2) lauten:

| 4. Fall | 3. Fall | | bei Zusammentreffen beider Fälle |
|---|---|---|---|
| l**a**vati (non lavarti, auch: non ti lavare) | c**o**mprati (non comprarti = non ti c.) | il libro | c**o**mpratelo (non compr**a**rtelo = non te lo c.) |
| (non) lavi**a**moci | (non) compri**a**moci | il libro | (non) compri**a**mocelo |
| (non) lav**a**tevi | (non) compr**a**tevi | il libro | (non) compr**a**tevelo |
| (non) si lavi | (non) si compri | il libro | (non) se lo compri |
| (non) si l**a**vino | (non) si c**o**mprino | il libro | (non) se lo c**o**mprino |

**6.2** Das deutsche **man** wird durch das rückbezügliche **si** wiedergegeben:

**6.2.1** im Deutschen ohne Objekt: **si** canta

**6.2.2** im Deutschen mit Objekt in der Einzahl: si canta una canzone italiana

**6.2.3** im Deutschen mit Objekt in der Mehrzahl: si cantano canzonette italiane

**6.2.4** auf si bezogene Eigenschafts- und Mittelwörter werden in die Mehrzahl gesetzt: Non si è sempre content**i**. Si è giunt**i** stamattina.

**6.2.5** Der 4. Fall des unpersönlichen Fürworts wird **vor** das unbetonte si (man) gesetzt:

| | |
|---|---|
| lo (la, li, le) **si** compra | **man** kauft es (usw.) |
| *Aber:* **se** lo (usw.) compra | **er** kauft es (usw.) **sich** |

Bei Aufeinanderfolgen von si (man) und si (sich) wird si si zu ci si (Wohlklang): In questo teatro non **ci si** annoia mai.

**6.3** Im passato prossimo (vgl. Seite 51, 6.3.4) ist bei den rückbezüglichen Zeitwörtern die Übereinstimmung des participio passato zu beachten:

| 4. Fall | 3. Fall (Übereinstimmung mit Subjekt oder Objekt möglich) |
|---|---|
| si è lavato, -a<br>si sono lavati, -e | Carl**a** si è lavat**a** **le** mani. Oder:<br>Carla si è lavat**e** **le** mani. |

**6.4** and**a**rsene (weggehen)

| Gegenwart | Befehlsform | passato prossimo |
|---|---|---|
| me ne vado | | me ne sono andato, -a |
| te ne vai | v**a**ttene (non and**a**rtene oder: non te ne andare) | te ne sei andato, -a |
| se ne va | | se n'è andato, -a |
| ce ne andiamo | (non) andi**a**mocene | ce ne siamo andati, -e |
| ve ne andate | (non) and**a**tevene | ve ne siete andati, -e |
| se ne vanno | | se ne sono andati, -e |
| | (non) se ne vada | |
| | (non) se ne v**a**dano | |

## 7 Bezügliches Fürwort

| Einzahl weiblich | | männlich |
|---|---|---|
| 1. Fall | La raga**zz**a che (la quale) entra ... | (il quale) |
| 2. Fall | La raga**zz**a di cui (della quale) si parla ... | (del quale) |
| 3. Fall | La ragazza a cui (alla quale) scriviamo ... | (al quale) |
| 4. Fall | La ragazza che salutiamo ... | — |

| Mehrzahl weiblich | männlich |
|---|---|
| 1. Fall Le ragazze che (le quali) entrano ... | (i quali) |
| 2. Fall Le ragazze di cui (delle quali) si parla ... | (dei quali) |
| 3. Fall Le ragazze a cui (alle quali) scriviamo ... | (ai quali) |
| 4. Fall Le ragazze che salutiamo ... | — |

**7.1 che** ist die häufigere Form, sie ist unveränderlich und wird für beide Geschlechter im 1. und 4. Fall in Ein- und Mehrzahl gebraucht (für Personen und Sachen).

**7.2 che** wird nach Vorwörtern durch **cui** ersetzt:

L'amico **per cui** (per il quale) ho comprato questo libro ...
I giardini **in cui** (nei quali) li abbiamo visti ...

**7.3 cui** bedeutet auch „dessen, deren", wenn es zwischen Artikel und Hauptwort steht:

Chi è la persona **il cui indirizzo (la cui firma)** si trova su questa lèttera?
Dov'è la mamma **i cui bambini (le cui figlie)** piangono tanto?

**7.4** Il quale, la quale usw. sind seltener als che und werden im 4. Fall nicht verwendet. Sie dienen vor allem zur Vermeidung von Unklarheiten:

Der Satz „Ecco il figlio della signora che partirà con noi" ist doppeldeutig! Daher: „ecco **il** figlio della signora **il** quale ..." Oder: „Ecco il figlio **della** signora **la** quale ..."

**7.5 chi** ist nicht nur Fragefürwort, sondern bedeutet auch „derjenige, welcher": Chi va piano, va sano e va lontano.

**7.6** Dem deutschen „(das,) was" entspricht quel(lo) che oder ciò che: Non ho capito quel che (= ciò che) mi hai detto.

**7.7 Il che** (was) bezieht sich auf einen ganzen Satz:

Carlo non ha ancora risposto, il che significa che non ha ricevuto la mia lèttera.

## 8. Fragefürwort

| | | | |
|---|---|---|---|
| **8.1 chi?** | wer? | che (cosa)? | was? |
| di chi? | wessen?, von wem? | di che (cosa) | wovon? |
| a chi? | wem? an wen? | a che (cosa)? | woran, wozu? |
| chi? | wen? | che (cosa)? | was? |

**8.1.1** Di chi è questa casa? (Wem gehört ...?) — È mia, tua, sua usw. Di chi parli? — Parlo di Giovanna.

**8.1.2** In der Umgangssprache wird im 4. Fall häufig „cosa" allein gebraucht: Cosa fai?

### 8.2 Che

**8.2.1** che ...? (was für ein ...?)

wird nur eigenschaftswörtlich gebraucht und steht immer beim Hauptwort:

| | |
|---|---|
| **Che** libro è questo? | **A che** libro pensi? |
| **Di che** libri parli? | **Che** libri leggi? |

**8.2.2** Che wird auch in Ausrufen mit Eigenschaftswörtern gebraucht:

**Che** bello! Wie schön!

**8.3 Quale, quali?** (welcher, welche, welches?) — genauere Frage nach Personen/Dingen:

**8.3.1** als Fürwort getrennt vom Hauptwort:

**Qual è** l'indirizzo del tuo amico?

**Quali di** questi libri sceglierai?
Ecco due libri: **quale** vuoi lèggere?

**8.3.2** als Eigenschaftswort: Quale libro ti piace di più? Quale ragazzo conosci?

**8.3.3** Quale hat wie come auch die Bedeutung „als“ in Ausdrücken wie: quale (come) ministro — in der Eigenschaft als Minister

## 9 Unbestimmtes Fürwort

| nur hauptwörtlich | nur eigenschaftswörtlich | haupt- oder eigenschaftswörtlich |
|---|---|---|
| ognuno — jeder | ogni — jeder | ciascuno — jeder |
| qualcuno[1] — irgend jemand | qualche — irgendein[2] | |
| qualcosa — irgend etwas | | |
| tutto quanto — alles zusammen | | tutto — ganz, tutti — alle |
| parecchio — ziemlich viel | | parecchi(-ie) — mehrere, manche |
| | | alcuni(-e) — einige |
| qualcun altro — irgendein anderer | | un altro, un'altra — ein anderer, eine andere |
| qualcos'altro — irgend etwas anderes | | |
| | | nessuno = non . . . alcuno — niemand, kein einziger |
| | diversi(-e) — verschiedene | |
| un tale — irgendein Herr, jemand | tale — derartig, solch | |
| chiunque — wer auch immer | | |
| chi . . . chi (mit Zeitwort in der Einzahl) — die einen . . . die anderen | qualunque qualsiasi (unv.) — irgendein beliebiger | |

[1] seltener: qualcheduno
[2] vgl. Seite 64, 1.1

*Beispiele:*

Ogni anno (ciascun anno) vado in Italia. A ciascuno il suo. Ognuno di noi ha qualche amico. Ogni due settimane. Ogni tre giorni. Alcuni giorni fa. Ha bussato qualcuno? Non ho visto nessuno. Non ho letto nessun libro italiano. Carlo crede qualunque storia. Un uomo qualunque. Ho comprato parecchi giornali. Ho pagato parecchio. Ho letto diversi libri. Qualcheduno (qualcuno) ti chiama. La mamma ha comprato il libro in qualche negozio in Via Roma. Chiunque abbia detto questo, dice una bugia. Che cosa facevano? — Chi giocava, chi leggeva, chi scriveva. Che giorno vuoi venire a casa mia? — Per me qualsiasi giorno andrebbe bene.

## 10 Besitzanzeigendes Fürwort

**10.1** Eigenschaftswörtliche Form (im allgemeinen mit dem bestimmten Artikel)

| männlich | | weiblich | |
|---|---|---|---|
| **il mio** libro | **i miei** libri | **la mia** gomma | **le mie** gomme |
| **il tuo** libro | **i tuoi** libri | **la tua** gomma | **le tue** gomme |
| **il suo** libro | **i suoi** libri | **la sua** gomma | **le sue** gomme |
| **il nostro** libro | **i nostri** libri | **la nostra** gomma | **le nostre** gomme |
| **il vostro** libro | **i vostri** libri | **la vostra** gomma | **le vostre** gomme |
| **il loro** libro | **i loro** libri | **la loro** gomma | **le loro** gomme |

**10.1.1 Suo/sua** wird für die dritte Person Einzahl ohne Rücksicht auf das Geschlecht des Besitzers gebraucht. (Il ragazzo porta il suo libro/i suoi libri. — La ragazza porta il suo libro/i suoi libri.)
Bei Unklarheit behilft man sich mit di lui/di lei. (Il ragazzo porta il suo libro e il libro di lei.)

**10.1.2 Loro** bleibt in Geschlecht und Zahl unverändert. (Il ragazzo prende il loro libro/le loro arance.)

**10.1.3** Als Höflichkeitsformen werden im Briefverkehr Suo, Sua und Loro verwendet, in Geschäftsbriefen Vostro und Vostra für Ein- und Mehrzahl.

**10.1.4** Bei Verwandtschaftsbezeichnungen:

**10.1.4.1** In der Einzahl entfällt der bestimmte Artikel:
Mio fratello è malato.

*Aber:* I miei fratelli sono malati.

**10.1.4.2** Bei **loro** steht immer der Artikel:
Il loro fratello è malato.

**10.1.4.3** Bei babbo, mamma und den Koseformen der Verwandtschaftsbezeichnungen sowie bei Verwendung von Eigenschaftswörtern wird der bestimmte Artikel in der Regel verwendet:
Il mio babbo è mèdico.
Il tuo fratellino è a scuola.
Il suo padre addottivo è morto.
Maggiore (älterer, ältester) und minore (jüngerer, jüngster) werden meist ohne bestimmten Artikel verwendet: (la) mia sorella maggiore usw.

**10.1.5** In der Anrede kein Artikel: mio caro, amico mio usw.

**10.1.6** Mit dem unbestimmten Artikel: un mio amico, un tuo conoscente (einer meiner Freunde, einer deiner Bekannten).

*Ebenso:* Qualche mio amico = alcuni miei amici.

**10.1.7** **Proprio** (eigen) kann das besitzanzeigende Fürwort der dritten Person (ausgenommen Höflichkeitsform) ersetzen:

Maria lègge il proprio libro. Tutti **a**mano la propria casa.

**10.1.8** Ohne Artikel auf die Frage „Di chi è . . . ?“:

Di chi è questo libro ? — È di Carlo (aber: è mio, suo usw.). Vgl. Seite 34, 8.1.
Di chi sono questi fiori ? — Sono miei.

**10.1.9** Im Italienischen werden die besitzanzeigenden Fürwörter nur wenn unbedingt notwendig verwendet:
Prendi **il** cappèllo (nimm deinen Hut)!

**10.2** Fürwörtliche Form

Wird wie die eigenschaftliche Form gebraucht:

Ho dimenticato la mia penna, puoi prestarmi la tua?
Saluta i tuoi!

## 11 Hinweisendes Fürwort

**11.1** Eigenschafts- und fürwörtlich gebraucht:

| | |
|---|---|
| questo, -a | dieser (nahe befindliche Personen und Dinge) |
| quello, -a | jener, der dort (entferntere Personen und Dinge) |

**11.1.1 Questo, -a** kann in der Einzahl vor einem Vokal apostrophiert werden: quest'amico, quest'amica.

**11.1.2 Quello, -a** gleicht sich vor männlichen Hauptwörtern der Endung des bestimmten Artikels an (vgl. Seite 18, 2.2). Es wird viel häufiger als das deutsche „jener" gebraucht.

**11.1.3** Das sächliche „(das,) was" wird durch quello (quel) che oder ciò che wiedergegeben:

Non dimenticare quello (ciò) che ti ho detto. Vgl. Seite 33, 7.6.

**11.2** Nur fürwörtlich gebraucht:

| | | |
|---|---|---|
| costui, costei, costoro | dieser da | meist nur in der Literatur- |
| colui, colei, coloro | jener dort | sprache verwendet. |

# *Zahlwort*

| **1 Grundzahlen** (unveränderlich) | **Ordnungszahlen** (wie Eigenschaftswörter übereinzustimmen) | |
|---|---|---|
| 0 zèro | | |
| 1 uno (aber: un libro, una casa usw.) | 1º primo | 1ª prima |
| 2 due | 2º secondo | 2ª seconda usw. |
| 3 tre | 3º tèrzo | |
| 4 quattro | 4º quarto | |
| 5 cinque | 5º quinto | |
| 6 sèi | 6º sèsto | |
| 7 sètte | 7º sèttimo | |
| 8 òtto | 8º ottavo | |
| 9 nòve | 9º nòno | |
| 10 dièci | 10º dècimo | |
| 11 **u**ndici | 11º undicèsimo | |
| 12 d**o**dici | 12º dodicesimo | |
| 13 tr**e**dici | 13º tredicesimo | |
| 14 quatt**o**rdici | 14º quattordicesimo | |
| 15 qu**i**ndici | 15º quindicesimo | |
| 16 s**e**dici | 16º sedicesimo | |
| 17 diciassette | 17º diciassettesimo | |
| 18 diciotto | 18º diciottesimo | |
| 19 diciannove | 19º diciannovesimo | |
| 20 venti | 20º ventesimo | |
| 21 ventuno (vor Hauptwörtern ventun) | 21º ventunesimo | |
| 22 ventidue | 22º ventiduesimo | |
| 23 ventitré | 23º ventitreesimo | |
| 24 ventiquattro | 24º ventiquattresimo | |
| 25 venticinque | 25º venticinquesimo | |

| | | | |
|---|---|---|---|
| 26 | ventisei | 26° | ventiseiesimo |
| 27 | ventisette | 27° | ventisettesimo |
| 28 | ventotto | 28° | ventottesimo |
| 29 | ventinove | 29° | ventinovesimo |
| 30 | trenta | 30° | trentesimo |
| 31 | trentun(o) usw. | 31° | trentunesimo usw. |
| 40 | quaranta | 40° | quarantesimo |
| 50 | cinquanta | 50° | cinquantesimo |
| 60 | sessanta | 60° | sessantesimo |
| 70 | settanta | 70° | settantesimo |
| 80 | ottanta | 80° | ottantesimo |
| 90 | novanta | 90° | novantesimo |
| 100 | cènto | 100° | centesimo |
| 101 | centun(o) | 101° | centunesimo |
| 102 | centodue usw. | 102° | centoduesimo usw. |
| 200 | duecento usw. | 200° | duecentesimo usw. |
| 1000 | mille | 1000° | millesimo |
| 1001 | mille e un(o) mit Einzahl! | 1001° | millesimoprimo |
| 1002 | milledue usw. | 1002° | milleduesimo usw. |
| 2000 | duemila usw. | 2000° | duemillesimo |
| 2002 | duemiladue usw. | 2002° | duemiladuesimo usw. |
| 1000000 | un milione (di libri) | 1000000° | milionesimo |
| | un miliardo (di libri) | | miliardesimo |

### 2 Zu den Ordnungszahlen gibt es ab 11 auch literarische Nebenformen

decimo primo, decimo secondo, ventesimo terzo usw. Bei Herrscher- und Papstnamen werden meist diese Formen verwendet (immer ohne bestimmten Artikel!): Napoleone I (primo), Francesco III (terzo), Carlo V (quinto), Pio XII (decimo secondo oder dodicesimo), Luigi XIV (decimo quarto oder quattordicesimo), Giovanni XXIII (ventesimo terzo oder ventitreesimo).

Die Ordnungszahlen dienen auch als Nenner in Bruchzahlen: 1/3 un terzo, 1/6 un sesto, 3/10 tre decimi usw.

### 3 Bezeichnung der Jahrhunderte

Das 16. Jahrhundert — il sedicesimo sècolo (= decimo sesto sècolo). In der Kunst- und Literaturgeschichte werden die Jahrhunderte ab 1201 mit der Grundzahl ausgedrückt, die die Hunderter bezeichnet: nel Duecento — im 13. Jahrhundert, il Trecento — das 14. Jahrhundert usw.

### 4 Sammelzahlen

Una decina di libri — etwa 10 Bücher, una ventina di ragazzi — etwa 20 Knaben, un centinaio di persone, centinaia di persone — hunderte Personen; ebenso: migliaio — migliaia.

## *Vorwort*

### 1 Zu den gebräuchlichsten Vorwörtern zählen

**1.1 A**[1] und **di** sowie **da**, **in** und **su**, die alle mit dem bestimmten Artikel verschmelzen.

**1.2 Con** und **per**, die selten mit dem bestimmten Artikel verschmelzen.

**1.3 Fra** und **tra**

fra due giorni (in 2 Tagen), tra (unter) amici, il monumento si trova tra (zwischen) la chiesa e il municipio.

### 2 Weitere einfache Vorwörter sind zugleich als Umstandswörter verwendbar (×)

Sie werden teils mit folgendem di vor betonten persönlichen Fürwörtern (z. B. dietro di me) gebraucht (+):

[1] vor Vokalen auch „ad“ möglich

**2.1** Ortsangaben

| | | | | | |
|---|---|---|---|---|---|
| × | attravèrso | quer über, mitten durch | | oltre | über . . . hinaus, jenseits |
| | | | + | prèsso | bei, in der Nähe |
| ×+ | dentro | innen, im Innern | ×+ | sopra | (dar)auf, (dar)über |
| ×+ | diètro | hinter, hinten | + | vèrso | gegen (Richtung) |
| | lungo | entlang | ×+ | sotto | (dar)unter |

**2.2** Zeitangaben

| | | | | | |
|---|---|---|---|---|---|
| + | dopo | (da)nach | | entro | binnen |
| | durante | während | | oltre | über, mehr als |
| | | | | verso | gegen |

**2.3** Sonstige Vorwörter

| | | | | | |
|---|---|---|---|---|---|
| + | contro | gegen, wider | | mediante | mittels, durch |
| | eccètto, salvo, tranne | außer, ausgenommen | | secondo | gemäß |
| | | | + | senza | ohne |
| | malgrado, nonostante | trotz | | | |

**3 Die wichtigsten zusammengesetzten Vorwörter** sind:

| | | | |
|---|---|---|---|
| accanto a | neben | di fronte a, di faccia a | gegenüber |
| davanti a | vor (örtlich) | | |
| fino a | bis | in fondo a | unten in (an) |
| insieme a (con) | zusammen mit | in mèzzo a | mitten in |
| vicino a | nahe bei | in riva a | am Ufer von |
| | | in cima a | auf dem Gipfel, auf der Spitze von |
| fuori (di) | außerhalb von | (a) causa (di) | wegen |
| invece di | statt | a dispetto di | zum Trotz |
| prima di | vor (zeitlich) | in mancanza di | mangels |
| | | per mezzo di | mittels |
| fino da | seit | | |
| lontano da | weit entfernt von | | |

## *Bindewort*

### 1 Beiordnend sind u. a.

| | | | |
|---|---|---|---|
| e[1] | und | o . . . o | entweder . . . oder |
| e . . . e | sowohl . . . als auch | inoltre | außerdem |
| o | oder | anche | auch |
| | | oppure | oder (auch) |
| pure | doch | però (meist nachgestellt) | jedoch, aber |
| oppure | oder aber | nientedimeno | nichtsdestoweniger |
| ma | aber | | |
| né . . . né | weder . . . noch | altrimenti | andernfalls |
| nemmeno, neanche, neppure | nicht einmal | piuttòsto | eher, lieber |
| dunque | also, folglich | perciò | deshalb |

### 2 Unterordnend sind u. a.

mit dem Indikativ — mit dem Konjunktiv

**2.1** Zeit

| | | | |
|---|---|---|---|
| quando | als, wenn | prima che | bevor |
| appena | kaum | | |
| mentre | während | | |
| dopo che | nachdem | | |
| ogni volta che | jedesmal wenn | | |
| fino a quando | bis | | |

**2.2** Absicht

| | | | |
|---|---|---|---|
| | | affinché<br>perché<br>finché | damit |

[1] vor Vokalen auch „ed" möglich

**2.3** Grund

| | | | |
|---|---|---|---|
| perché | weil | | |
| poiché | weil ja | | |
| siccome | da | | |

**2.4** Einräumung

| | | | |
|---|---|---|---|
| | | sebbene<br>benché<br>nonostante che | obwohl,<br>obgleich |

**2.5** Folge

| | |
|---|---|
| cosicché[1]<br>di modo che[1]<br>di maniera che[1] | sodaß |

**2.6** Art und Weise

| | | | |
|---|---|---|---|
| | | senza che | ohne daß |

**2.7** Vergleich

| | | | |
|---|---|---|---|
| come | wie | come se | als ob |
| | | piuttosto che | eher als daß |

**2.8** Bedingung

| | | | |
|---|---|---|---|
| se[2] | wenn (reale Bedingung) | se | wenn (Nichtwirklichkeit) |
| | | supposto che | angenommen, daß |
| | | nel caso che | falls |
| | | a patto che<br>a condizione che | unter der Bedingung, daß |
| | | eccetto che<br>salvo che non | außer wenn |
| Se non piove, andiamo (andremo) a spasso. | | Se adesso non piovesse, andremmo a spasso. (Vgl. Seite 56, 9.3.) | |

[1] in Absichtssätzen mit Konjunktiv gebraucht (mit Bedeutung „damit")

[2] Se bedeutet auch „ob" in abhängigen Fragen: Non so se posso venire stasera.

# *Zeitwort*

## 1 Allgemeines

Im Italienischen gibt es drei Haupttypen von Nennformendungen, deren Abwandlung regelmäßig oder unregelmäßig sein kann:

-are
-ere (mit betonter Endung wie tem**e**re oder mit unbetonter Endung wie v**e**ndere; in der Abwandlung besteht kein Unterschied)
-ire (mit bzw. ohne Stammerweiterung -isc in der Gegenwart)

*Merke:* Bei allen Zeitwörtern liegt die Betonung der 3. Person Mehrzahl auf der gleichen Silbe wie in der 1. Person Einzahl.

## 2 Abwandlung der regelmäßigen Zeitwörter in der Wirklichkeitsform (indicativo)

**2.1** Gegenwart (presente)

| parlare | tem**e**re (v**e**ndere) | sentire | finire (mit **-**isc) |
|---|---|---|---|
| parlo | temo | sènto | fin**isc**o |
| parli | temi | senti | fin**isc**i |
| parla | teme | sente | fin**isc**e |
| parliamo | temiamo | sentiamo | finiamo |
| parlate | temete | sentite | finite |
| p**a**rlano | **te**mono | s**è**ntono | fin**isc**ono |

**2.2** Befehlsform (imperativo)

| | | | |
|---|---|---|---|
| parla (non parlare) | temi (non tem**e**re) | senti (non sentire) | finisci (non finire) |
| (non) parliamo | (non) temiamo | (non) sentiamo | (non) finiamo |
| (non) parlate | (non) temete | (non) sentite | (non) finite |

Höflichkeitsform

| | | | |
|---|---|---|---|
| (non) parli | (non) tema | (non) senta | (non) finisca |
| (non) parlino | (non) temano | (non) sentano | (non) fin**i**scano |

**2.3** Mittelwort der Vergangenheit (participio passato)

| | | | |
|---|---|---|---|
| parlato | temuto<br>(venduto) | sentito | finito |

**2.4** Zukunft (futuro)

| | | | |
|---|---|---|---|
| parlerò | temerò<br>(venderò) | sentirò | finirò |
| parlerai | temerai | sentirai | finirai |
| parlerà | temerà | sentirà | finirà |
| parleremo | temeremo | sentiremo | finiremo |
| parlerete | temerete | sentirete | finirete |
| parleranno | temeranno | sentiranno | finiranno |

Zu beachten in den Zukunftsformen:

Der Stammvokal der Zeitwörter auf -are wird zu e, der der übrigen Zeitwortgruppen bleibt unverändert.

| | | |
|---|---|---|
| Ausnahmen bei den Zeitwörtern auf -are: | dare | darò usw. |
| | stare | starò usw. |
| | andare | andrò usw. |

**2.5** Besonderheiten in der Abwandlung

**2.5.1** Zeitwörter auf -iare

| **2.5.1.1** mit tonlosem i | **2.5.1.2** mit betontem i |
|---|---|
| studiare | inviare |
| st**u**dio | inv**i**o |
| studi | inv**ii** |
| studia | inv**i**a |
| studiamo | inviamo |
| studiate | inviate |
| st**u**diano | inv**i**ano |

Zu beachten in den Zukunftsformen:

| | |
|---|---|
| studiare | studierò usw. |
| inviare | invierò usw. |

**2.5.2** Zeitwörter auf -gare und -care (Schreibung folgt der Aussprache)

| pagare | cercare |
|---|---|
| pago | cerco |
| pa**gh**i | cer**ch**i |
| paga | cerca |
| pa**gh**iamo | cer**ch**iamo |
| pagate | cercate |
| pagano | cercano |

Zu beachten in den Zukunftsformen:

pa**gh**erò usw. cer**ch**erò usw.

**2.5.3** Zeitwörter auf -giare, -ciare und -sciare (Schreibung nach Aussprache)

| mangiare | marciare | lasciare |
|---|---|---|
| mangio | marcio | lascio |
| mangi | marci | lasci |
| mangia | marcia | lascia |
| mangiamo | marciamo | lasciamo |
| mangiate | marciate | lasciate |
| mangiano | marciano | lasciano |

Zu beachten in den Zukunftsformen:

mangiare — mangerò usw.
marciare — marcerò usw.
lasciare — lascerò usw.

**2.5.4** Zeitwörter mit der Betonung auf der drittletzten Silbe in der Einzahl sowie in der 3. Person Mehrzahl

| telefonare | telèfono | telefoniamo |
|---|---|---|
| | telèfoni | telefonate |
| | telèfona | telèfonano |

*Ebenso:* abitare, continuare, desiderare, dimenticare, evitare, nominare, telegrafare, visitare u. a.

**2.5.5** Zeitwörter auf -ere (weitere Formen und Zeiten in den Tabellen Seiten 68 ff. und 71 ff.)

**2.5.5.1** mit den Endungen auf -gere, -cere, -scere, -gliere und -gnere: die erste Person Einzahl und dritte Person Mehrzahl folgen in der Gegenwart der Aussprache der Nennform nicht, daher

| | | | | | | |
|---|---|---|---|---|---|---|
| lèggere | lè**gg**o | lèggi | lègge | leggiamo | leggete | lè**gg**ono |
| v**i**ncere | vin**c**o | vinci | vince | vinciamo | vincete | vin**c**ono |
| con**o**scere | conos**c**o | conosci | conosce | conosciamo | conoscete | conos**c**ono |
| cògliere | còl**g**o | cògli | còglie | cogliamo | cogliete | còl**g**ono |
| spègnere | spèn**g**o | spègni | spègne | spegniamo | spegnete | spèn**g**ono |

*ähnlich:*

| | | | | | | |
|---|---|---|---|---|---|---|
| rimanere | riman**g**o | rimani | rimane | rimaniamo | rimanete | riman**g**ono |
| tenere | tèn**g**o | tièni | tiène | teniamo | tenete | tèn**g**ono |
| valere | val**g**o | vali | vale | valiamo | valete | val**g**ono |

**2.5.5.2** mit Stammänderungen:

| | | | | | | |
|---|---|---|---|---|---|---|
| sedere | sièdo | sièdi | siède | sediamo | sedete | sièdono |
| muòvere | muòvo | muòvi | muòve | moviamo | movete | muòvono |
| dovere | devo | devi | deve | dobbiamo | dovete | devono |
| parere | paio | pari | pare | paiamo | parete | paiono |

Ausnahmen bei der Zukunftsbildung (Gegenwart vgl. Seite 71 ff.)

| Zeitwörter auf -ére | | Zeitwörter mit -rr- in der Zukunft | |
|---|---|---|---|
| cadere | cadrò | bere | berrò |
| dovere | dovrò | rimanere | rimarrò |
| godere | godrò | tenere | terrò |
| potere | potrò | volere | vorrò |
| sapere | saprò | | |
| vedere | vedrò | | |

*ebenso:* v**i**vere vivrò

**2.5.6** Zeitwörter auf -ire (weitere Formen und Zeiten vgl. Seite 68 ff. und Seite 71 ff.)

**2.5.6.1** mit Erweiterungssilbe -isc in der Gegenwart (Regeln über die Gruppenzugehörigkeit gibt es nicht):

vgl. finire (vgl. Seite 45, 2.1)

**2.5.6.2** ohne Erweiterungssilbe -isc mit participio passato auf -ito:

vgl. sentire (vgl. Seite 45, 2.1), ebenso partire, seguire, servire, vestire u. a.

mit participio passato auf **-erto** (abzuwandeln wie sentire):

aprire — apèrto, coprire — copèrto, offrire — offèrto, soffrire — soffèrto

**2.5.6.3** mit -g- in der 1. Person Einzahl und 3. Person Mehrzahl der Gegenwart:

| | | | | | | |
|---|---|---|---|---|---|---|
| salire | sal**g**o | sali | sale | saliamo | salite | sal**g**ono |
| venire | vèn**g**o | vièni | viène | veniamo | venite | vèn**g**ono |

**2.5.6.4** mit c oder g im Wortstamm:

| | | | | | | |
|---|---|---|---|---|---|---|
| cucire | cu**c**io | cuci | cuce | cuciamo | cucite | cu**c**iono |
| fuggire | fu**gg**o | fuggi | fugge | fuggiamo | fuggite | fu**gg**ono |

**2.5.6.5** mit Stammänderungen:

| | | | | | | |
|---|---|---|---|---|---|---|
| udire | òdo | òdi | òde | udiamo | udite | òdono |
| uscire | ès**c**o | èsci | èsce | usciamo | uscite | ès**c**ono |
| morire | muòio | muòri | muòre | moriamo | morite | muòiono |

Ausnahmen in der Zukunftsbildung:

venire verrò usw.

**2.6** Die beschreibende Mitvergangenheit (imperfetto) ist im Italienischen mit Ausnahme von „essere“ immer regelmäßig:

| parlare | temere (vendere) | finire (sentire) |
|---|---|---|
| parlavo | temevo | finivo |
| parlavi | temevi | finivi |
| parlava | temeva | finiva |
| parlavamo | temevamo | finivamo |
| parlavate | temevate | finivate |
| parl**a**vano | tem**e**vano | fin**i**vano |

Bei den Zeitwörtern mit zusammengezogener Nennform wird das imperfetto von der ursprünglichen Form aus gebildet:

| | | | |
|---|---|---|---|
| fare (aus facere) | facevo usw. | tradurre (aus traducere) | traducevo |
| dire (aus dicere) | dicevo usw. | porre (aus ponere) | ponevo |
| bere (aus bevere) | bevevo usw. | trarre (aus traere) | traevo |

**2.7** Tabellen der übrigen Zeiten und Aussagearten Seite 68 ff.

## 3 Hilfszeitwörter der Zeit (avere und essere) und der Art und Weise

(dovere, potere, sapere und volere) vgl. Seiten 66 ff. und 71 ff.

## 4 Rückbezügliche Zeitwörter

Die zusammengesetzten Zeiten werden immer mit essere gebildet:
Ci **siamo** lavati. — Wir **haben** uns gewaschen (vgl. Seite 32).

## 5 Leideform

Die Leideform kann mit essere (in allen Zeiten) oder mit venire (nur in den einfachen Zeiten) gebildet werden:

**5.1** La porta è aperta. { Die Tür ist offen. / Die Tür wird geöffnet.

La porta viene aperta. Nur: Die Tür wird geöffnet.
La porta verrà (sarà) aperta. Die Tür wird geöffnet werden.

*Aber nur:* La porta è stata aperta.

**5.2** **Von** in der Leideform wird durch **da** wiedergegeben:

La porta viene aperta **da** Luigi.

Wenn der Handelnde nicht angegeben wird, kann die Leideform auch durch das rückbezügliche si ausgedrückt werden (vgl. Seite 31, 6.2):

Qui **si** vendono giornali. = Giornali sono (vengono) venduti qui.

## 6 Gebrauch der Zeiten

**6.1** Presènte: wie im Deutschen

**6.2** Futuro: wie im Deutschen

**6.3** Passato pròssimo (erzählende Zeit der Umgangssprache)

**6.3.1** Abgeschlossene Einzelvorgänge, die in einem bis in die Gegenwart reichenden Zeitraum abgelaufen sind oder bis in die Gegenwart nachwirken:

Quest'anno ho finito i miei studi all'università.
Tre mesi fa ho perduto il mio portafòglio (= e non lo trovo più).
Boccaccio ha scritto il „Decamerone" (Nachwirken betont).

**6.3.2** Gewohnheitsmäßige Vorgänge im Zusammenhang mit der Gegenwart:

Quando ha pranzato, il nònno fa il suo pisolino.

**6.3.3** Erzählung von zusammenhängenden aufeinanderfolgenden Vorgängen der Vergangenheit („und dann ..."): Ieri abbiamo incontrato Gina, siamo andati assieme a prèndere un caffè e poi l'abbiamo accompagnata a casa.

**6.3.4** Beachte den vom Deutschen abweichenden Gebrauch der Hilfszeitwörter avere und essere in den zusammengesetzten Zeiten (passato pròssimo, trapassato pròssimo und trapassato remòto):

**6.3.4.1** Bei Bildung mit essere: Übereinstimmung des participio passato in Geschlecht und Zahl mit dem Subjekt.
Il bambin**o** è arrivat**o**. — I bambin**i** sono arrivat**i**.
La bambin**a** era arrivat**a**. — Le bambin**e** erano arrivat**e**.

**6.3.4.2** Bei Bildung mit avere: keine Übereinstimmung des participio passato mit dem Subjekt:

Carla ha comprato una b**a**mbola.

Mit dem Objekt **muß** übereingestimmt werden, wenn es in der Form von lo, la li oder le dem Zeitwort vorangeht (ebenso mit vorangehendem ne):

L'ho comprato (= Lo ho comprato). L'ho comprat**a** (= **La** ho comprat**a**).
L**i** ho comprat**i**. L**e** ho comprat**e**.
Le arance erano molto dolci. Ne ho comprat**e** due chili.

**6.4** Passato remoto (erzählende Zeit der Literatursprache)

**6.4.1** Abgeschlossene Einzelvorgänge ohne Bezug auf die Gegenwart:

Andai a Roma il 15 settembre 1951.
Dante visse dal 1265 fino al 1321.
Boccaccio scrisse il „Decamerone" negli anni dopo la pèste.

**6.4.2** Erzählung von zusammenhängenden aufeinanderfolgenden Vorgängen der Vergangenheit:

Un giorno presi la nuova bicicletta per la prima volta e cominciai ad andare da solo. Ad un tratto perdetti l'equilibrio e caddi per terra.
Quando Gina entrò, Carlo si alzò.

**6.5.5** Trapassato prossimo (Vorvergangenheit)
dient zur Wiedergabe von Vorgängen, die vor einer vergangenen Haupthandlung abgeschlossen worden sind:

L'uomo al quale mi ero rivolto ha piegato (piegò) il suo giornale.

**6.6** Imperfètto, beschreibende Zeit der Vergangenheit („damals . . .")

**6.6.1** Zustandsschilderung und Personenbeschreibung („hatte, war" usw.):

La villetta della famiglia si trovava vicino al bosco.
Il signore aveva la faccia tonda, i capelli neri.

**6.6.2** Gewohnheitsmäßige Wiederholung („immer wieder, pflegte"):

Ogni mattina ci alzavamo alle sette.

**6.6.3** Vorgänge im Ablauf („gerade, gleichzeitig"):

La signora che aspettava camminava su e giù.
Mentre Franco leggeva Mariuccia giocava.

**6.6.4** Carlo leggeva quando sono entrato (entrai). (Die unterbrechende Handlung steht im passato prossimo oder passato remoto.)

**6.6.5** Umgangssprachlich statt cong. imperf. in Bedingungssätzen:

Se lo sapevo, non lo facevo. — Wenn ich es gewußt hätte, hätte ich es nicht getan. (Vgl. Seite 56, 9.3.)

**6.7** Trapassato remoto (Vorvergangenheit, nur in der Literatursprache bei rascher Aufeinanderfolge von Haupt- und Nebenhandlung zusammen mit dem passato remoto gebräuchlich):

Dopo che (appena, quando) lui ebbe scritto la lettera, la portammo alla posta.

**6.8** Futuro anteriore (Vorzukunft)
Quando avrai finito la lettera, potremo uscire.

## 7 Gebrauch der Möglichkeitsform (congiuntivo, Abwandlung; vgl. Seite 68 ff.)

**7.1** Im Hauptsatz

**7.1.1** in formelhaften Wünschen:

Piaccia a Dio! So Gott will.
Dio ti perdoni! Der Herr verzeih dir.
Evviva il presidente! Es lebe der Präsident!

**7.1.2** als Befehl in der Höflichkeitsform:

Scusi. Entschuldigen Sie. (Einzahl)
Sc**u**sino. Entschuldigen Sie. (Mehrzahl)

**7.2** Im Nebensatz (Mit dem Konjunktiv werden keine objektiven Aussagen gemacht, sondern subjektiv Beurteiltes [Wunsch, Zweifel, Unsicherheit, Möglichkeit sowie Gemütsbewegungen aller Art] ausgedrückt.)

**7.2.1** nach Ausdrücken des Wollens, Wünschens:

Desideriamo che i ragazzi stiano attenti durante la lezione.

**7.2.2** nach Ausdrücken des Zweifels, der Unsicherheit:

D**u**bito che Carlo possa venire.

**7.2.3** nach Ausdrücken der Gemütsbewegung:

Spero (temo) che Carlo possa (potrà[1] venire).

**7.2.4** nach (meist unpersönlichen) Ausdrücken der persönlichen Stellungnahme:

È prob**a**bile che Carlo non venga stasera.

*Aber:* È certo (sicuro) che Carlo verrà (viene).

**7.2.5** nach bestimmten Bindewörtern (vgl. Seite 43 f.)
Dobbiamo essere lì prima che lui finisca il lavoro.

**7.2.6** nach der zweiten Steigerungsstufe:

Carlo guadagna più che (più di quanto) tu **non** creda.

*Aber:* Carlo guadagna più di quanto (più di quello che) tu credi.

**7.2.7** in Relativsätzen:

Questo è il più bel libro che io abbia letto (nach superlativo relativo sowie Ausdrücken wie: l'unico, primo, ultimo, solo usw.).
Cerco una segretaria che sappia due lingue (gewünschte Eigenschaft)
C'è qualcuno che capisca il tedesco? Non c'è nessuno che capisca il tedesco (nach fragenden und verneinten Hauptsätzen).

**7.2.8** in Bedingungssätzen zusammen mit der Bedingungsform (vgl. Seite 56, 9.3):

Se avessi molto denaro, farei lunghi viaggi.
Se avessi avuto molto denaro, avrei fatto lunghi viaggi.

## 8 Zeitenfolge

**8.1** In indikativischen Nebensätzen:

| | | |
|---|---|---|
| Carlo scrive che Giorgio | è venuto. | (vorzeitig) |
| | viene. | (gleichzeitig) |
| | verrà. | (nachzeitig) |
| Carlo scrisse (scriveva, ha scritto) che Giorgio | era venuto. | (vorzeitig) |
| | veniva. | (gleichzeitig) |
| | sarebbe venuto. | (nachzeitig) |

**8.2** In konjunktivischen Nebensätzen:

| | | |
|---|---|---|
| Sono lieto che Carlo | sia venuto. | (vorzeitig) |
| | venga. | (gleichzeitig) |
| | venga dopo (più tardi). | (nachzeitig) |
| Ero lieto che Carlo | fosse venuto. | (vorzeitig) |
| | venisse. | (gleichzeitig) |
| | venisse dopo (più tardi). | (nachzeitig) |

**8.2.1** Nach der Gegenwart von Zeitwörtern, wie sperare, temere, crédere, suppòrre, non dire u. a., kann auch die Zukunft gebraucht werden:

Spero che Carlo **venga** domani. = Spero che Carlo **verrà** domani[1].

**8.2.2** Nach der Bedingungsform der Gegenwart im Hauptsatz steht im Nebensatz der congiuntivo imperfetto:

Gli studenti preferirebbero che i professori dessero voti migliori.

[1] Zukunft statt Möglichkeitsform zum Ausdruck einer sicheren Erwartung

## 9 Gebrauch der Bedingungsform (condizionale) — Bedingungssätze

**9.1** Höflichkeit, Vorsicht, Zurückhaltung:

Farei volentieri un giro in m**a**cchina.
Non si dovrebbe fare questo.
Chi avrebbe pensato una cosa s**i**mile!

**9.2** „Soll" (= man sagt ...) in Berichten:

Il ministro dell'Interno si recherebbe (si sarebbe recato) in Francia.

**9.3** Bedingungssatz (per**i**odo ipotètico)

**9.3.1** Wirklichkeit:

Se non piove, andiamo (andremo) a spasso.
Se studierai, riuscirai.

**9.3.2** Nichtwirklichkeit der Gegenwart:

Se adesso non piovesse, andremmo a spasso.

**9.3.3** Nichtwirklichkeit der Vergangenheit:

Se ieri non avesse piovuto, saremmo andati a spasso.

In der Umgangssprache wird dafür häufig einfacher gesagt:

Se ieri non pioveva, andavamo a spasso (vgl. Seite 53, 6.6.5).
Se lo sapevo, non lo facevo.

## 10 Gebrauch der Nennform

**10.1** Als allgemeiner Befehl:

Rallentare! Langsam fahren!

Verneint: Non fumare! Nicht rauchen!

*Beachte:* Die verneinte Nennform dient zugleich als Verbot an die 2. Person Einzahl: Non fumare! = Rauche nicht!

**10.2** Zur Bildung verkürzter indirekter Fragen (im Deutschen mit „sollen"):

Non so che cosa comprare (Ich weiß nicht, was ich kaufen soll). — Non sappiamo dove andare. — Non sai come fare?

**10.3** Für das deutsche zu + Nennform gibt es im Italienischen verschiedene Ausdrucksmöglichkeiten:

**10.3.1** ohne Vorwort nach unpersönlichen Ausdrücken sowie sembrare und amare, desiderare, preferire, è necessario, è facile u. ä.:

Bisogna studiare lingue straniere. — Mi piace imparare l'italiano. — Hans sembra amare l'Italia. — Il segretario non ama telefonare. — Desidero comprare un vestito. — (Non) è necessario (facile) fare i compiti.

*Aber:* Mi sembra (mi rincresce) **di** averlo perduto.

**10.3.2** mit a (meist nach Ausdrücken des Strebens, eines Ziels oder Zwecks wie andare, cominciare, continuare, riuscire u. ä.):

Hans va a telefonare. — Comincio a studiare l'italiano. Non riesco a trovare un altro appartamento.

**10.3.3** sehr häufig mit di (meist nach Ausdrücken des Sagens, Denkens, Hoffens, Forderns wie dire, raccontare, pensare, sperare, pregare u. ä.):

Racconta di avere una casa a Genova. — Penso di aver capito tutto. — Spero di visitare Roma fra poco. — La prego di essere puntuale.

*Ebenso:* Quando finirete di chiachierare?

**10.3.4** mit da meist nach essere, avere und dare:

Non è da crédere. — Luigi ha molto da fare. — Che cosa gli diamo da mangiare?

## 11 Gebrauch der Mittelwörter

### 11.1 participio presente

**11.1.1** Bildung (nicht von allen Zeitwörtern möglich):

| cantare | tenere | divertire |
|---|---|---|
| cantante (Sänger, -in) | tenènte (Oberleutnant) | divertènte (unterhaltsam) |

*Aber:* provenire
provenïente u. a.

**11.1.2** Verwendung meist nur als Haupt- oder Eigenschaftswort:

| insegnante m. f. (Lehrperson) | corrènte f. (Strom) |
|---|---|
| un discorso brillante | un libro divertènte |

**11.1.3** Verwendung mit eigenem Objekt sehr selten (anstelle von Relativsätzen in der Amts- und Wirtschaftssprache):

Abbiamo ricevuto la Vostra lettera contenente la fattura.

### 11.2 participio passato

**11.2.1** Bildung der regelmäßigen Formen vgl. Seite 46, 2.3. Die übrigen Formen sind der Tabelle der unregelmäßigen Zeitwörter (Seite 71 ff.) zu entnehmen.

**11.2.2** Das participio passato assoluto dient zur Nebensatzverkürzung (meist „nachdem") und wird mit dem dazugehörigen Haupt- oder Fürwort übereingestimmt:

Svegliata Giuseppina, la mamma comincia (cominciò) a lavorare. = Quando Giuseppina è stata (era) svegliata, la mamma ...

## 12 Bildung und Gebrauch des gerundio

**12.1** Bildung

| | gleichzeitig | vorzeitig |
|---|---|---|
| portare | — portando | avèndo portato |
| vedere | — vedèndo | avèndo visto |
| partire | — partèndo | essèndo partit**o**, **-a** |

*Aber:*

| | | | |
|---|---|---|---|
| bere | — bevèndo | tradurre | — traducèndo |
| dire | — dicèndo | porre | — ponèndo |
| fare | — facèndo | trarre | — traèndo |

**12.2** Das gerundio bleibt immer unverändert und vertritt Nebensätze, wenn es mit dem Hauptsatz dasselbe Subjekt hat:

*Als:* Andando a casa abbiamo incontrato Pierino.

*Indem:* Sbagliando s'impara.

*Da:* Essendo stata malata Carla non ha potuto andare a scuola.

**12.3** Die unbetonten persönlichen Fürwörter und die Partikeln ci und ne werden auch an das gerundio angehängt (vgl. Seite 30, 5):

dandomi una pera — dandomela, andando a casa — andandoci, parlando di questa cosa — parlandone.

Beachte besonders die Verwendung von stare + gerundio (mit presente oder imperfetto) zum Ausdruck einer noch nicht abgeschlossenen Handlung (ähnlich wie im Englischen):

Che cosa stai facendo? — Sto scrivendo una lèttera (What are you doing? — I am writing a letter).
Stavo leggendo il giornale quando Pietro entrò/è entrato (I was reading the paper when Peter came in).

## 13 Einige vom Deutschen abweichende Zeitwortergänzungen

**13.1** Mit dem 3. Fall:

| | | | | |
|---|---|---|---|---|
| chièdere[1] / domandare[1] | qc. a q. | fragen, verlangen von, bitten um | parlare | sprechen |
| | | | rispo**n**dere | (be)antworten |
| insegnare | qc. a q. | lehren | costare | kosten |
| ricordare | qc. a q. | in Erinnerung rufen | | |

Chièdilo (dom**a**ndalo) al v**i**gile. Il professore insegna (ricorda) le r**è**gole della grammatica agli scolari. Posso parlare al signor Orlandi?
Gli **è** costato un sacco di soldi. Hai risposto alla sua lettera?
Lascia**gli** recitare la poesia. — Lascia**lo** entrare[2].
Fa**gli** copiare la lettera. — Fall**o** entrare[2].

**13.2** Mit dem 4. Fall:

| | | | |
|---|---|---|---|
| aiutare, assi**s**tere | helfen | ringraziare q. di (per) | danken für |
| | | seguire | folgen |
| ascoltare | zuhören | servire | dienen |
| incontrare | begegnen | | |

## 14 Einige deutsche Vorwortergänzungen werden wiedergegeben durch

### 14.1 das Vorwort di

| | | | |
|---|---|---|---|
| dubitare | zweifeln an | meravigliarsi | sich wundern über |
| lamentarsi | klagen über | occuparsi | sich beschäftigen mit |
| fidarsi | vertrauen auf | ricordarsi | sich erinnern an |
| informarsi | sich informieren über | vergognarsi | sich schämen wegen |

[1] Mit dem 4. Fall in der Bedeutung „verlangen, fordern": Gli operai chiedevano una paga più alta.
[2] Wenn von der Nennform ein Akkusativ abhängt, werden lasciare und fare mit dem Dativ verbunden.

*Ebenso:*

| | | | |
|---|---|---|---|
| accòrgersi[1] | bemerken | pentirsi | bereuen |
| | | approfittare | ausnützen |

**14.2 das Vorwort a**

| | | | |
|---|---|---|---|
| abituarsi | sich gewöhnen an | rinunciare | verzichten auf |
| invitare | einladen zu | | |

**15 Einige Zeitwörter verlangen in den zusammengesetzten Zeiten abweichend vom Deutschen avere bzw. essere.**

**essere:** bastare, costare, mancare, sonare, piacere, rincr**e**scere, v**i**vere u. a.

**15.1** Il film non mi è piaciuto. Le arance ci sono piaciute. 20 minuti non gli sono bastati per finire il lavoro. Le è rincresciuto molto che la sua amica non abbia potuto venire. Sono già sonate le undici? Mi è mancato il tempo per finire il libro. Loro non sono vissuti molto tempo in Italia. Quanto Le è costato il viaggio?

**avere** (einige Zeitwörter der Bewegung): viaggiare, còrrere, nuotare, camminare u. a.

**15.2** Lui ha viaggiato molto nella sua vita. Ho camminato tutta la strada (ho fatto tutta la strada a piedi). Perché non avete nuotato nel lago? Il cavallo ha corso troppo ieri.

**15.3** nevicare / piòvere können sich mit avere oder essere verbinden: Se avesse (fosse) nevicato e se non avesse (fosse) piovuto avremmo potuto sciare.

[1] Mi sono accorto di questo. = Me ne sono accorto.

## *Verneinung*

### 1 Non (nicht)

Non steht immer vor dem Zeitwort oder Hilfszeitwort bzw. dem unbetonten Fürwort (Partikel):

Il riso **non** costa molto.
Carlo **non** ha capito.

Questo caffè **non** è buono.
Mario **non** lo ha visto (**non** ci è andato, **non** ne ha parlato).

### 2 No (nicht)

No entspricht dem deutschen „nicht“ in Satzteilen ohne Zeitwort:

Bruno è simpatico, Carlo **no.**

*Merke:* Credo (penso, spero) **di no.**

### 3 Non ... più (nicht mehr)

Carlo **non** legge **più** il giornale.
**Non** lo ha **più** letto. = **Non** lo ha letto **più.**

### 4 Non ... ancora (noch nicht)

Carlo **non** legge **ancora** il giornale.
**Non** lo ha **ancora** letto. = **Non** lo ha letto **ancora.**

### 5 Non ... affatto (überhaupt nicht)

**Non** lo conosco **affatto.**
**Non** lo ho visto **affatto.**

*Merke:* Sei stanco? — (Niente) affatto.

### 6 Mai (jemals), non ... mai (niemals)

**Non** sono **mai** stato in Italia.
**Mai non** lo ho potuto capire.

*Merke:* Bei Verwendung ohne Zeitwort entfällt „non“:

Sei **mai** (jemals) stato in Italia? — **Mai** (niemals).

### 7 Doppelte Verneinungen

Folgende Ausdrücke verlangen zusätzlich **non** vor dem Zeitwort oder Hilfszeitwort, wenn sie diesem folgen:

**7.1** Nemmeno, neanche, neppure (auch nicht, nicht einmal)

Carlo **non** mi ha dato **nemmeno** (neanche, neppure) 100 lire. — **Nemmeno** (neanche, neppure) Carlo mi ha dato 100 lire.

**7.2** Niente, nulla (nichts)

**Non** è stato concluso **niente** (nulla). — **Niente** (nulla) è stato concluso.

**7.3** Nessuno (niemand, keiner)

**Non** si interessa **nessuno** di questo lavoro. — **Nessuno** si interessa di questo lavoro.

**7.4** Né ... né (weder ... noch)

Carlo **non** parla **né** francese **né** inglese. — **Né** l'uno **né** l'altro lavora bene.

### 8 Non ... che oder soltanto (solo, solamente)

entsprechen dem deutschen „erst“ und „nur“:

**Non** sono **che** le sette (erst). = Sono soltanto le sette.
**Non** compro **che** due libri (nur). = Compro soltanto (solo, solamente) due libri.

## 9 Wiedergabe des deutschen „kein“

**9.1** Niente vor Hauptwörtern ohne Zeitwort:

Oggi **niente** cioccolato (banane) per i bambini.

**9.2** Non vor dem Zeitwort oder Hilfszeitwort:

| | |
|---|---|
| Questo **non** è legno. | Nella nostra casa **non** c'è (non abbiamo) il telèfono (la televisione). |
| **Non** ho fame (paura). | |
| **Non** ho latte (burro). | Mariuccia **non** ha i capelli rossi. |
| **Non** abbiamo libri francesi. | **Non** ho **nessun** (keinen einzigen) amico a Roma. |
| **Non** vediamo n**u**vole. | **Non** ho amici a Roma. |

# *Mengenangaben*

## 1 Unbestimmte Mengen

**1.1** mit Eigenschaftswörtern:

| | | |
|---|---|---|
| poco | wenig | poco tempo, pochi libri |
| molto | viel | molta stoffa, molte matite |
| troppo | zuviel | troppo z**u**cchero, troppe banane |
| abbastanza (unveränderlich!) | genug | abbastanza vino, abbastanza soldi |
| qualche (unveränderlich, immer mit Einzahl!) = alcuni, -e | einige | qualche libro = alcuni libri, qualche matita = alcune matite (vgl. S. 35, 9) |

**1.2** mit dem Teilungsartikel:

**1.2.1** der Teilungsartikel besteht aus di + bestimmtem Artikel:

Compriamo **del** pane (etwas Brot), **dei** libri (einige Bücher).
In der Umgangssprache wird dafür oft bevorzugt:
un po' di pane, alcuni libri (qualche libro).

**1.2.2** der Teilungsartikel wird nicht gesetzt

— in verneinten Sätzen (Non compriamo pane, banane),
— bei Aufzählungen (Abbiamo comprato pane, burro, banane),
— bei Gegenüberstellungen (Non beviamo vino, ma limonata).

## 2 Bestimmte Mengen,

ausgedrückt durch Hauptwörter mit folgendem **di**

**2.1** un sacco di riso
due sc**a**tole di sardine
una bottiglia di vino
due bicchieri di latte
una tazza di caffè
due cestini di banane

*Merke:* Mit **da** dagegen Zweckangaben,
wie una tazza da tè — Teetasse
una bottiglia da vino — Weinflasche
usw.

**2.2** un metro di stoffa
due litri di latte
un chilo di banane
due chili e mezzo di pere
mezzo chilo di mele

un etto (10 dkg) di formaggio
mezz'etto (5 dkg) di burro
30 grammi (3 dkg) di sale
un po' di sale (z**u**cchero)
un pezzo di pane

## 3 Einige Redewendungen

Non c'è niente **di** nuovo?
Vorrei qualche cosa **di** bello, **di** fresco.

*Aber:* Non c'è niente **da** fare?
Vorrei qualche cosa **da** mangiare.

## Verbi ausiliari — Hilfszeitwörter

### Tempi semplici

| **Infinito presente** | | | |
|---|---|---|---|
| **avere** | | **essere** | |
| **Indicativo presente** | | | |
| ho | abbiamo | sono | siamo |
| hai | avete | sèi | siète |
| ha | hanno | è | sono |
| **Ind. imperfetto** | | | |
| avevo | avevamo | èro | eravamo |
| avevi | avevate | èri | eravate |
| aveva | avevano | èra | èrano |
| **Ind. passato remoto** | | | |
| èbbi | avemmo | fui | fummo |
| avesti | aveste | fosti | foste |
| èbbe | èbbero | fu | furono |
| **Ind. futuro** | | | |
| avrò | avremo | sarò | saremo |
| avrai | avrete | sarai | sarete |
| avrà | avranno | sarà | saranno |
| **Condizionale presente** | | | |
| avrèi | avremmo | sarèi | saremmo |
| avresti | avreste | saresti | sareste |
| avrèbbe | avrèbbero | sarèbbe | sarèbbero |
| **Imperativo** | | | |
| — | abbiamo | — | siamo |
| abbi | abbiate | sii | siate |
| abbia | abbiano | sia | siano |
| **Congiuntivo presente** | | | |
| abbia | abbiamo | sia | siamo |
| abbia | abbiate | sia | siate |
| abbia | abbiano | sia | siano |
| **Congiuntivo imperfetto** | | | |
| avessi | avessimo | fossi | fossimo |
| avessi | aveste | fossi | foste |
| avesse | avessero | fosse | fossero |

| | | |
|---|---|---|
| **Participio presente** | avente | — |
| **Participio passato** | avuto | stato(a) |
| **Gerundio presente** | avèndo | essèndo |
| Tempi composti | | |
| **Infinito passato** | avere avuto | essere stato(a) |
| **Ind. passato prossimo** | ho avuto | sono stato(a) |
| **Ind. trapassato prossimo** | avevo avuto | ero stato(a) |
| **Ind. trapassato remoto** | ebbi avuto | fui stato(a) |
| **Ind. futuro anteriore** | avrò avuto | sarò stato(a) |
| **Condizionale passato** | avrei avuto | sarei stato(a) |
| **Congiuntivo passato** | abbia avuto | sia stato(a) |
| **Congiuntivo trapassato** | avessi avuto | fossi stato(a) |
| **Gerundio passato** | avendo avuto | essendo stato(a) |

# Verbi regolari — regelmäßige Zeitwörter

## Tempi semplici

| I. Coniugazione | II. Coniugazione | III. Coniugazione | |
|---|---|---|---|
| **Infinito presente** | | | |
| **lavare** | **temere** | **sentire** | **finire** |
| **Indicativo presente** | | | |
| lavo | temo | sènto | finisco |
| lavi | temi | sènti | finisci |
| lava | teme | sènte | finisce |
| laviamo | temiamo | sentiamo | finiamo |
| lavate | temete | sentite | finite |
| lavano | temono | sèntono | finiscono |
| **Ind. imperfetto** | | | |
| lavavo | temevo | sentivo | |
| lavavi | temevi | sentivi | |
| lavava | temeva | sentiva | |
| lavavamo | temevamo | sentivamo | |
| lavavate | temevate | sentivate | |
| lavavano | temevano | sentivano | |
| **Ind. passato remoto** | | | |
| lavai | temetti (temei) | sentii | |
| lavasti | temesti | sentisti | |
| lavò | temette (temé) | sentì | |
| lavammo | tememmo | sentimmo | |
| lavaste | temeste | sentiste | |
| lavarono | temettero (temerono) | sentirono | |
| **Ind. futuro** | | | |
| laverò | temerò | sentirò | |
| laverai | temerai | sentirai | |
| laverà | temerà | sentirà | |
| laveremo | temeremo | sentiremo | |
| laverete | temerete | sentirete | |
| laveranno | temeranno | sentiranno | |

| | | | |
|---|---|---|---|
| **Condizionale presente** | | | |
| laverei | temerei | sentirei | |
| laveresti | temeresti | sentiresti | |
| laverebbe | temerebbe | sentirebbe | |
| laveremmo | temeremmo | sentiremmo | |
| lavereste | temereste | sentireste | |
| laverebbero | temerebbero | sentirebbero | |
| **Imperativo** | | | |
| — | — | — | — |
| lava | temi | senti | finisci |
| lavi | tema | senta | finisca |
| laviamo | temiamo | sentiamo | finiamo |
| lavate | temete | sentite | finite |
| lavino | temano | sentano | finiscano |
| **Congiuntivo presente** | | | |
| lavi | tema | senta | finisca |
| lavi | tema | senta | finisca |
| lavi | tema | senta | finisca |
| laviamo | temiamo | sentiamo | finiamo |
| laviate | temiate | sentiate | finiate |
| lavino | temano | sentano | finiscano |
| **Congiuntivo imperfetto** | | | |
| lavassi | temessi | sentissi | |
| lavassi | temessi | sentissi | |
| lavasse | temesse | sentisse | |
| lavassimo | temessimo | sentissimo | |
| lavaste | temeste | sentiste | |
| lavassero | temessero | sentissero | |
| **Participio presente** | | | |
| lavante | temente | | |
| **Participio passato** | | | |
| lavato | temuto | sentito | finito |
| **Gerundio presente** | | | |
| lavando | temendo | sentendo | finendo |

Tempi composti

| | | |
|---|---|---|
| **Infinito passato**<br>avere lavato | avere temuto | avere sentito |
| **Ind. passato prossimo**<br>ho lavato | ho temuto | ho sentito |
| **Ind. trapassato prossimo**<br>avevo lavato | avevo temuto | avevo sentito |
| **Ind. trapassato remoto**<br>ebbi lavato | ebbi temuto | ebbi sentito |
| **Ind. futuro anteriore**<br>avrò lavato | avrò temuto | avrò sentito |
| **Condizionale passato**<br>avrei lavato | avrei temuto | avrei sentito |
| **Congiuntivo passato**<br>abbia lavato | abbia temuto | abbia sentito |
| **Congiuntivo trapassato**<br>avessi lavato | avessi temuto | avessi sentito |
| **Gerundio passato**<br>avendo lavato | avendo temuto | avendo sentito |

# Verbi irregolari più comuni

Gebräuchlichste unregelmäßige Zeitwörter

(— = regelmäßige Formen)

| **Infinito** | **Presente** | **Passato remoto** | **Participio passato** |
|---|---|---|---|
| acc**è**ndere | — | accesi, accendesti | acceso |
| acc**ò**rgersi | mi accòrgo, ti -gi, si -ge | mi accòrsi, ti accorgesti | accòrtosi |
| addurre *s.* condurre | | | |
| affl**i**ggere | affliggo, -ggi, -gge | afflissi, affligesti | afflitto |
| andare | vado, vai, va; andiamo, andate, vanno; cong. vada ecc., andiamo, andiate, v**a**dano; imp. va', andate (fut. andrò) | — | — |
| apparire | apparisco e appaio | apparii e apparvi | apparso |
| app**è**ndere | — | appesi, appendesti | appeso |
| aprire | — | aprii e apèrsi | apèrto |
| **a**rdere | — | arsi, ardesti | arso |
| assalire | assalgo, assali, assale | assalsi e assalii | — |
| ass**ò**lvere | — | assòlsi, assolvesti | assòlto |
| ass**u**mere | — | assunsi, assumesti | assunto |
| att**è**ndere | — | attesi, attendesti | atteso |
| b**e**vere, bere | (fut. berrò) | bevvi, bevètti | bevuto |
| cadere | (fut. cadrò) | caddi, cadesti | — |
| chi**è**dere | — | chièsi, chiedesti | chièsto |
| chi**u**dere | — | chiusi, chiudesti | chiuso |
| c**ò**gliere | còlgo, cògli, còglie, cogliamo, cogliete, còlgono; cong. còlga, cogliamo | còlsi, cogliesti | còlto |
| c**o**mpiere e compire | c**o**mpio, compi, compie, compiamo, compite, c**o**mpiono | compii | compiuto (compito) |

| Infinito | Presente | Passato remoto | Participio passato |
|---|---|---|---|
| comprèndere | — | compresi, comprendesti | compreso |
| comprimere | — | comprèssi, comprimesti | comprèsso |
| condurre | conduco, conduci, conduce | condussi, conducesti | condotto |
| conoscere | conosco, -sci, -sce | conobbi, conoscesti | conosciuto |
| corrèggere | correggo, -ggi, -gge | corrèssi, correggesti | corrètto |
| correre | — | corsi, corresti | corso |
| crescere | cresco, -sci, -sce | crebbi, crescesti | cresciuto |
| cuòcere | cuòcio, cuòci, cuòce (còcio, còci, còce) | còssi, cocesti | còtto |
| dare | do, dai, dà; diamo, date, danno; imp. da', date; cong. pres. dia; cong. imperf. dessi | dièdi, desti, diède; demmo, desto, dièdero (detti, desti ...) | dato |
| decidere | — | decisi, decidesti | deciso |
| difèndere | — | difesi, difendesti | difeso |
| diffondere | — | diffusi, diffondesti | diffuso |
| dipingere | dipingo, -gi, -ge | dipinsi, dipingesti | dipinto |
| dire | dico, dici, dice; diciamo, dite, dicono; imp. di', dite | dissi, dicesti | detto |
| dirigere | dirigo, -gi, -ge | dirèssi, dirigesti | dirètto |
| discutere | — | discussi, discutesti | discusso |
| distinguere | distinguo, -gui, -gue | distinsi, distinguesti | distinto |
| distruggere | distruggo, -ggi, -gge | distrussi, distruggesti | distrutto |
| dividere | — | divisi, dividesti | diviso |
| dolersi | mi dòlgo, ti duòli, si duòle; ci doliamo, vi dolete, si dòlgono | mi dòlsi, ti dolesti | — |
| dovere | dèvo e dèbbo, dèvi, dève; dobbiamo, dovete, dèvono e dèbbono (fut. dovrò) | dovei e dovètti | — |

| Infinito | Presente | Passato remoto | Participio passato |
|---|---|---|---|
| em**è**rgere | emèrgo, -gi, -ge | emèrsi, emergesti | emèrso |
| **è**mpiere,<br>empire | èmpio ecc., empite,<br>èmpiono | empii | empiuto<br>(empito) |
| espl**ò**dere | — | esplòsi, esplodesti | esplòso |
| espr**i**mere | — | esprèssi, esprimesti | esprèsso |
| fare | faccio, fai, fa; fac-<br>ciamo, fate, fanno;<br>cong. pres. faccia;<br>imp. fa', fate | feci, facesti | fatto |
| fingere | fingo, -gi, -ge | finsi, fingesti | finto |
| f**o**ndere | — | fusi, fondesti | fuso |
| fr**a**ngere | frango, -gi, -ge | fransi, frangesti | franto |
| fr**i**ggere | — | frissi, friggesti | fritto |
| giacere | giaccio, giaci, giace;<br>giacciamo, giacete,<br>giacciono | giacqui, giacesti | giaciuto |
| gi**u**ngere | giungo, -gi, -ge | giunsi, giungesti | giunto |
| inc**i**dere | — | incisi, incidesti | inciso |
| inv**a**dere | — | invasi, invadesti | invaso |
| l**è**ggere | lèggo, -ggi, -gge | lèssi, leggesti | lètto |
| mèttere | — | misi, mettesti | messo |
| m**ò**rdere | — | mòrsi, mordesti | mòrso |
| morire | muoio, muori, muo-<br>re; moriamo, mo-<br>rite, muoiono | regolare | mòrto |
| m**u**ngere | mungo, -gi, -ge | munsi, mungesti | munto |
| mu**ò**vere | — | mòssi, movesti | mòsso |
| n**a**scere | nasco, -sci, -sce | nacqui, nascesti | nato |
| nasc**o**ndere | — | nascosi, nascondesti | nascosto |
| offrire | òffro | offrii e offèrsi | offèrto |
| parere | paio, pari, pare; pai-<br>amo, parete, paiono | parvi, paresti | parso |
| percu**ò**tere | — | percòssi, percotesti | percòsso |
| p**è**rdere | — | pèrsi (perdètti, per-<br>dei) | pèrso<br>(perduto) |

| Infinito | Presente | Passato remoto | Participio passato |
|---|---|---|---|
| persuadere | — | persuasi, persuadesti | persuaso |
| piacere | piaccio, piaci, piace;<br>piacciamo, piacete,<br>piacciono | piacqui, piacesti | piaciuto |
| pi**a**ngere | piango, -gi, -ge | piansi, piangesti | pianto |
| pi**ò**vere | — | piòvve | piovuto |
| p**ò**rgere | pòrgo, -gi, -ge | pòrsi, porgesti | pòrto |
| porre | pòngo, poni, pone;<br>pòngono | posi, ponesti | posto |
| potere | pòsso, puòi, può;<br>possiamo, potete,<br>pòssono (fut. potrò) | potei (potètti),<br>potesti | potuto |
| pr**è**ndere | — | presi, prendesti | preso |
| produrre<br>s. condurre | | | |
| prot**è**ggere | protèggo, -ggi, -gge | protèssi, proteggesti | protètto |
| p**u**ngere | pungo, -gi, -ge | punsi, pungesti | punto |
| **ra**dere | — | rasi, radesti | raso |
| **rè**ggere | règgo, -ggi, -gge | rèssi, reggesti | rètto |
| **rè**ndere | — | resi, rendesti | reso |
| **ri**dere | — | risi, ridesti | riso |
| ridurre<br>s. condurre | | | |
| rimanere | rimango, rimani<br>(fut. rimarrò) | rimasi, rimanesti | rimasto |
| risp**o**ndere | — | risposi, rispondesti | risposto |
| **ro**dere | — | rosi, rodesti | roso |
| **ro**mpere | — | ruppi, rompesti | rotto |
| salire | salgo, sali, sale; sali-<br>amo, salite, salgono | — | —<br>— |
| sapere | so, sai, sa; sappiamo,<br>sapete, sanno; cong.<br>sappia; imp. sappi,<br>sappiate (fut. saprò) | sèppi, sapesti | — |

| Infinito | Presente | Passato remoto | Participio passato |
|---|---|---|---|
| scegliere | scelgo, scegli, sceglie; scegliamo, scegliete, scèlgono | scelsi, scegliesti | scelto |
| scendere | — | scesi, scendesti | sceso |
| sciògliere, | sciòlgo, sciògli, sciò-glie; sciogliamo, scogliete, sciòlgono | sciòlsi, sciogliesti | sciòlto |
| scòrgere | scòrgo, -gi, -ge | scòrsi, scorgesti | scòrto |
| scrivere | — | scrissi, scrivesti | scritto |
| scuòtere | scuòto (scòto) | scòssi, scotesti | scòsso |
| sedere | sièdo e sèggo | — | — |
| sod(d)isfare | sod(d)isfaccio (-fo) | sod(d)isfeci | sod(d)isfatto |
| sommèrgere | sommèrgo, -gi, -ge | sommèrsi, sommer-gesti | sommèrso |
| sorgere | sòrgo, -gi, -ge | sòrsi, sorgesti | sorto |
| spargere | spargo, -gi, -ge | sparsi, spargesti | sparso |
| spègnere | spèngo, spègni | spènsi, spegnesti | spènto |
| spèndere | — | spesi, spendesti | speso |
| spingere | spingo, -gi, -ge | spinsi, spingesti | spinto |
| stare | sto, stai, sta; stiamo, state, stanno; cong. stia; imp. sta', state | stètti, stesti, stètte | stato |
| stringere | stringo, -gi, -ge | strinsi, stringesti | stretto |
| tacere | taccio, taci, tacciamo | tacqui, tacesti | taciuto |
| tèndere | — | tesi, tendesti | teso |
| tenere | tèngo, tièni, tiène; tèngono (fut. terrò) | tenni, tenesti | — |
| tingere | tingo, -gi, -ge | tinsi, tingesti | tinto |
| tògliere | tòlgo, tògli, tòglie; togliamo, tòlgono | tòlsi, togliesti | tòlto |
| tòrcere | tòrco, -ci, -ce | tòrsi, torcesti | tòrto |
| tradurre *s.* condurre | | | |

| Infinito | Presente | Passato remoto | Participio passato |
|---|---|---|---|
| trarre | traggo, trai, trae; traiamo, traete, tr**a**ggono, imperf.: traevo | trassi, traesti | tratto |
| ucc**i**dere | — | uccisi, uccidesti | ucciso |
| udire | òdo, òdi, òde; udiamo, udite, òdono | — | — |
| **u**ngere | ungo, -gi, -ge | unsi, ungesti | unto |
| uscire, | èsco, èsci, èsce; usciamo, uscite, èscono | — | — |
| valere | valgo, vali, vale; valiamo, valete, v**a**lgono | valsi, valesti | valso |
| vedere | — | vidi, vedesti | veduto e visto |
| | — (fut. vedrò) | | |
| venire | vèngo, vièni, viène; veniamo, venite, vèngono (fut. verrò) | venni, venisti | venuto |
| v**i**ncere | vinco, -ci, -ce | vinsi, vincesti | vinto |
| v**i**vere | (fut. vivrò) — | vissi, vivesti | vissuto (io sono vissuto!) |
| volere | vòglio, vuòi, vuòle; vogliamo, volete, vògliono (fut. vorrò) | vòlli, volesti | — |
| v**ò**lgere | vòlgo, vòlgi, vòlge | vòlsi, volgesti | vòlto |

Notizen

## Notizen

Notizen

Notizen